Advanced French Vocabulary

Words and phrases by topic for advanced learners

By Lucy Martin

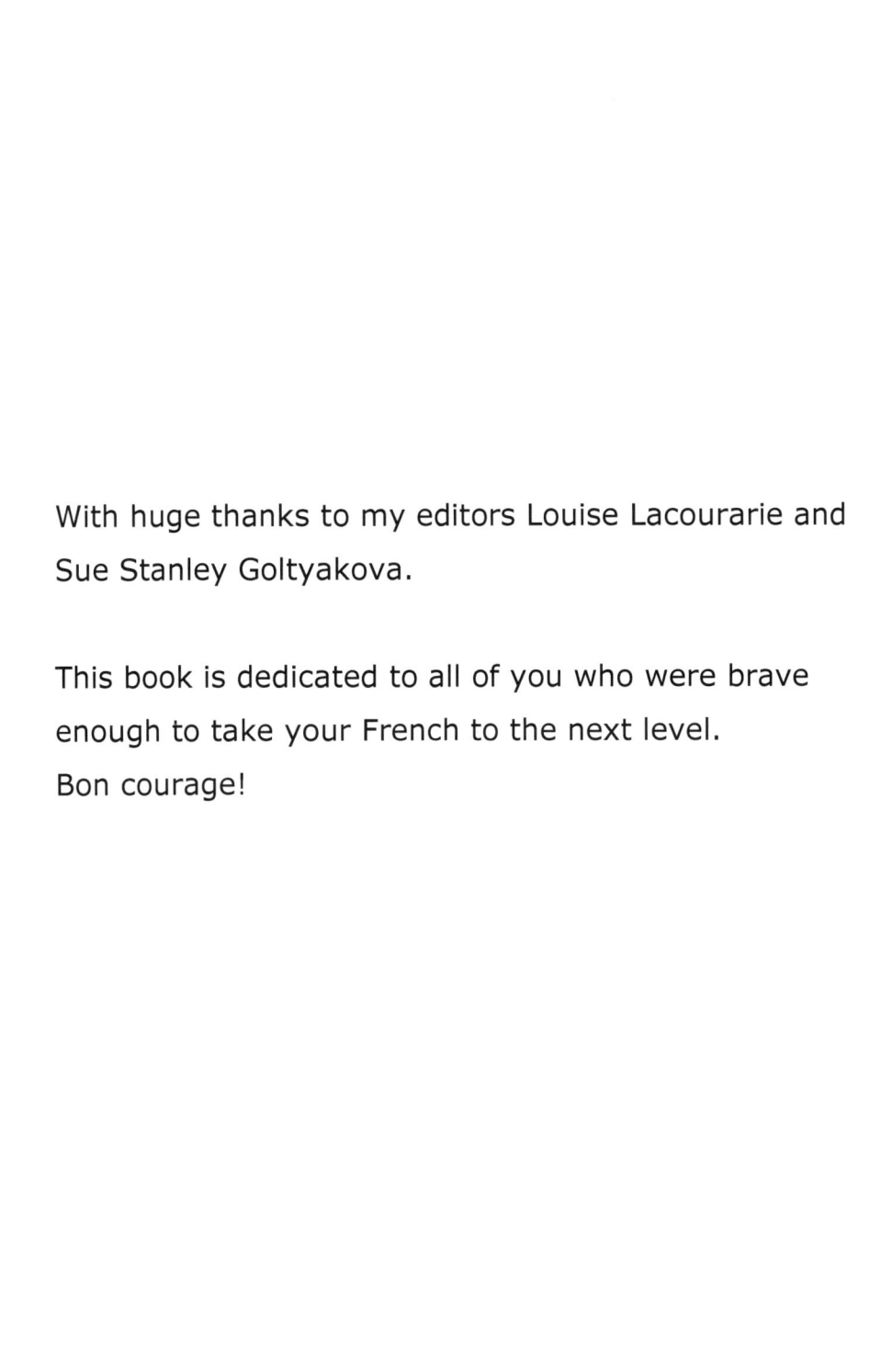

With huge thanks to my editors Louise Lacourarie and Sue Stanley Goltyakova.

This book is dedicated to all of you who were brave enough to take your French to the next level.
Bon courage!

How to use this book

This isn't a dictionary of any sort. I have divided the vocabulary into topic areas and instead of using it to look things up on an ad hoc basis, I'd like you to treat this like any other book.

"Begin at the beginning and go on till you come to the end, then stop"
Lewis Carroll

Taking one topic at a time, test yourself on French into English, highlighting or making a note of any words or phrases you find it hard to remember. In terms of how much to do at a time, give yourself a time limit (an exam is a useful deadline!) and divide the time you have by the number of pages in the book. This may mean you can give yourself the simple task of learning a couple of pages a day, or even less. Some words appear in more than one topic, so that's even less for you to learn.

With a broad vocabulary under your belt, you will notice very quickly how much better able you are to understand and express yourself on A'level topics.

Once you are familiar with the words and phrases going from French into English, try it in reverse. This will reinforce your active knowledge and help you bring the vocabulary into daily use.

For further help with making the transition to advanced level French, read "Advancing your French" which deals with some essential grammar points, including pronouns and preposition which advanced students struggle with.

Bonne chance!

Lucy Martin

Family members

Le père	father
La mere	mother
Les parents	parents
La fille	daughter
Le fils	son
La sœur	sister
Le frère	brother
Le mari	husband
La femme	wife / woman
l'oncle (m)	uncle
la tante	aunt
le cousin (m)	cousin
la cousine (f)	cousin
la petite-fille	grand-daughter
le grand-père	grandfather
la grand-mère	grandmother
les grands-parents (m)	grandparents
le petit-fils	grandson
le demi-frère	half-brother
la demi-sœur	half-sister
le beau-père	step-father or father-in-law
la belle-mère	step-mother or mother-in-law
le père adoptif	foster father
la mère adoptive	foster mother
le père célibataire	single father
la mère célibataire	single mother
enfant unique	only child
l'ado (m/f)	adolescent
le jumeau / la jumelle	twin
les jumeaux identiques	identical twins (m)
les jumelles identiques	identical twins (f)
la famille étendue	extended family
la cellule familiale	family unit
la famille nucléaire	nuclear family
la famille monoparentale	single-parent family

Friends

(mon) meilleur ami	(my) best friend (m)
(ma) meilleure amie	(my) best friend (f)
un ami, une amie	a friend (m/f)
le copain / la copine	friend, mate (m/f)
sortir	to go out
se faire des amis	to make friends
faire la connaissance de	to get to know
connaître	to know (a person)
savoir	to know (a thing or concept)

rencontrer	to meet (deliberately or by chance)
croiser	to meet (run in to)
se disputer	to argue
se présenter	to introduce oneself

Relationships

célibataire	single
les parents proches	close relations
Le/la petit(e) ami(e)	boyfriend / girlfriend
le copain / la copine	boyfriend / girlfriend
le partenaire / la partenaire	partner
le compagnon	partner
la compagne	companion
les conjoints (m)	couple (both male or one m, one f)
les conjointes	couple (both female)
cohabiter	to live together
vivre en couple	to live together
l'union libre (f)	living together
la cohabitation	living together
être fiancé / être fiancée	to be engaged
se fiancer	to get engaged
les fiançailles (f)	engagement
se marier (avec)	to marry, get married (to)
le mariage civil	civil wedding
les noces (f)	wedding
épouser	to marry
l'époux (m)	husband
l'épouse (f)	wife
la séparation	separation
se séparer	to separate
séparé	separated
ses parents se sont séparés	his parents separated
le divorce	divorce
divorcer	to divorce, get divorced
l'adultère (m)	adultery
fidèle	faithful
infidèle	unfaithful

Social issues

la naissance	birth
naître	to be born
être né / née le...	to be born (m/f) on the...
le contrôle des naissances	birth control
le taux de natalité	birth rate
la dénatalité	fall in the birth rate
être enceinte	to be pregnant
accoucher	to give birth

le baptême	christening, baptism
gâter	to spoil (a child)
la mort	death
mourir	to die
mort	dead
le taux de mortalité	death rate
veuf / veuve	widowed (m/f)
le troisième âge	old age
démographique	demographic, of the population
le ménage	household, couple
le foyer	household
la femme au foyer	housewife
concilier carrière et famille	to reconcile career and family
le rapprochement	reconciliation
les rapports, les relations	relations

People and feelings

le comportement	behaviour
se comporter	to behave
sa façon de se comporter	the way he behaves
désolé / désolée	sorry
je suis désolé	I'm sorry
manquer	to miss
tu me manques	I miss you
le besoin	need
avoir besoin de	to need
le choix	choice
choisir	to choose
l'esprit (m)	mind
les gens (m)	people
les rapports (m)	relationships
partager	to share
réussir	to succeed
suivre	to follow
aider	to help
avoir l'intention (de)	to intend (to)
avoir envie de	to want to
avoir tort	to be wrong
avoir raison	to be right
s'excuser	to apologise
se raviser	to change one's mind
(s') habituer à	to get used to
se rendre compte	to realise

Positive descriptors

sympa	nice
gentil / gentille	kind (m/f)
amusant / amusante	fun (m/f)
marrant / marrante	funny(m/f)
intéressant / intéressante	interesting (m/f)
intelligent / intelligente	intelligent (m/f)
rigolo / rigolote	funny (m/f)
drôle	funny
généreux / généreuse	generous (m/f)
heureux / heureuse	happy (m/f)
travailleur / travailleuse	hard-working (m/f)
aimable	kind
tranquille	quiet, calm
sage	well behaved
fou / folle d'amour	madly (m/f) in love
vif / vive	lively (m/f)
sportif / sportive	sporty (m/f)
compréhensif / compréhensive	understanding (m/f)
étonnant	amazing
reconnaissant / reconnaissante	grateful (m/f)
la confiance	trust
le sens de l'humour	sense of humour
le bonheur	happiness
l'amour (m)	love
le coup de foudre	love at first sight
se sentir bien dans sa peau	to feel good, comfortable
s'entendre (avec)	to get on (with)
s'entendre bien avec	to get on well with
mener une vie irréprochable	to lead a blameless life
plaire	to please
parler cœur ouvert	to talk frankly
remercier	to thank

Negative descriptors

têtu / têtue	stubborn (m/f)
bavard / bavarde	chatty/talkative (m/f)
jaloux / jalouse	jealous (m/f)
paresseux / paresseuse	lazy (m/f)
long / longue	long (m/f)
fou / folle	mad, crazy (m/f)
méchant / méchante	naughty
égoïste	selfish
triste	sad
timide	shy
fier / fière	proud (m/f)
raide	straight, rigid

étrange	strange
bête	stupid, silly
gênant / genante	annoying, irritating
pénible	annoying
de mauvaise humeur	bad tempered
coupable	guilty
injuste	unfair
méchant	naughty
gêner	to annoy
se mettre en colère / se fâcher	to get angry
fâché	angry
se disputer	to argue
éviter	to avoid
en vouloir à	to bear a grudge against
mépriser	to despise
(en avoir) marre	(to be) fed up
se sentir mal dans sa peau	to feel ill at ease, uncomfortable
énerver	to get on someone's nerves
pressé	in a hurry, rushed
le machisme	male chauvinism
supporter	to put up with

Weather

le climat	climate
le temps	weather
la météo	weather forecast
le ciel	sky
le mauvais temps	bad weather
faire mauvais	to be bad (weather)
le nuage	cloud
nuageux	cloudy
la brume	mist
le brouillard	fog
couvert	overcast
la pluie	rain
pleuvoir	to rain
l'averse (f)	shower
tremper	to soak
je me suis trempé	I got soaked
mouillé	wet, damp
l'orage (m)	storm
orageux	stormy
la tempête	storm
l'ouragan (m)	hurricane
le vent	wind
le tonnerre	thunder
l'éclair (m)	lightning
la foudre	lightning

la neige	snow
neiger	to snow
la grêle	hail
la glace	ice
geler	to freeze
faire beau	to be fine (weather)
le beau temps	fine weather, good weather
doux / douce	mild (m/f)
le soleil	sun
ensoleillé	sunny
briller	to shine
l'éclaircie (f)	bright spell
la chaleur	heat
la canicule	heatwave
sec / sèche	dry (m/f)
humide	humid, wet
l'ombre (m)	shade, shadow

Seasons and time

le printemps	Spring
l'été	Summer
l'automne	Autumn
l'hiver	Winter
le matin	morning / in the morning
l'après-midi	afternoon / in the afternoon
le week-end	weekend / at the weekend
aujourd'hui	today
après-demain	the day after tomorrow
avant-hier	the day before yesterday
demain	tomorrow
d'habitude	usually
la semaine	week
la semaine dernière	last week
la semaine prochaine	next week
il a six ans	he is six years old
il y a six ans	six years ago
l'année (f)	year
chaque année	every year
l'année (f) dernière	last year
l'année (f) prochaine	next year
à l'avenir	in the future
bientôt	soon
le début	start
au début	at the start
avant	before
avant de + infinitive	before (doing something)
d'abord	at first, firstly
déjà	already

auparavant	formerly, in the past
en ce moment	at the moment
à la fois	at the same time
en même temps	at the same time
en attendant	meanwhile, pending
en train de (faire...)	in the process of (doing something)
de nouveau	again
encore une fois	once more, again
de temps en temps / parfois	from time to time
enfin	at last, finally
à la fin	in the end
après	after
après avoir + past participle	after having
dernier / dernière	last (m/f)
environ	about, approximately
en retard	late
en avance	ahead of time
de bonne heure	early
à l'heure	on time

Festivals and celebrations

la fête	festival, celebration, party
fêter	to celebrate
Noël (m)	Christmas
la veille de Noël	Christmas Eve
le Réveillon	Christmas Eve and/or New Year's Eve
la période de Noël	Christmas time
l'arbre de Noël (m)	Christmas tree
le lendemain de Noël	Boxing Day
Joyeux Noël	Merry Christmas
les décorations (f) de Noël	(Christmas) decorations
le houx	holly
la messe (de minuit)	(midnight) mass
la fête des rois	Twelfth Night/Epiphany
le Jour de l'An	New Year's Day
la Saint-Sylvestre	New Year's Eve
meilleurs voeux	best wishes
Bonne Année!	Happy New Year!
les feux d'artifice (m)	fireworks
Pâques	Easter
l'oeuf (m) de Pâques	Easter egg
la Saint-Valentin	St. Valentine's Day
le poisson d'avril	April Fool
la journée du poisson d'avril	April Fools' Day
la fête des mères	Mother's Day
la fête du travail	May Day
le jour férié	bank holiday, public holiday
la fête de Halloween	Halloween

le déguisement	fancy dress costume
la Toussaint	All Saints' Day
(le dîner de) Thanksgiving	Thanksgiving (dinner)
la dinde	turkey
bon appétit	enjoy your meal
le défilé	procession, parafe
la foire	fair
le festival de Diwali	Diwali
l'Aïd (also l'Eid)	Eid
le Ramadan	Ramadan
la Hannoucah, la Hannoukka	Hanukkah
religieux / religieuse	religious
les festivités	festivities
le baptême	christening
la fête de fiançailles	engagement party
l'enterrement de vie de garçon	stag night
l'enterrement de vie de jeune fille	hen night
le jour du mariage	wedding day
le jour des noces	wedding day
l'église (f)	church
la mairie	town hall
l'anniversaire (m)	birthday
Bon Anniversaire!	Happy Birthday!
félicitations	congratulations
féliciter	to congratulate
le cadeau	present
la réunion	meeting
le bal des finissants	(high) school prom

Body and appearance

les cheveux (m)	hair
le coupe de cheveux	haircut
la coiffure	hairstyle
roux	auburn, ginger
marron	brown
châtain	light brown
clair	light
frisé	curly
raide	straight
bouclé	curly
ondulé / ondulée	wavy
foncé	dark
la teinture	hair-dye
court	short
mi-long	medium length
la barbe	beard
la moustache	moustache
la beauté	beauty

beau / bel / belle	beautiful (m/f)
beau	good looking
joli	pretty
il est très beau	he's very good looking
laid / laide	ugly (m/f)
le vieillissement	aging
vieux / vieil / vieille	old
la jeunesse	youth
jeune	young
gros / grosse	fat (m/f)
mince	slim
maigre	skinny, thin
de taille moyenne	medium height
le salon de beauté	beauty salon
les yeux (m)	eyes
noisette	hazel (eye colour)
le fard à paupières	eyeshadow (block)
les lèvres	lips
le rouge à lèvres	lipstick
le salon de manucure	nail salon
la manucure	manicure
la pédicure	pedicure
le vernis à ongles	nail varnish
l'ongle (m)	nail
le dissolvant pour vernis à ongles	nail varnish remover
la peau	skin
les rides	wrinkes
ridé	wrinkled
le bouton	spot, pimple
bronzé	suntanned
l'auto-bronzant	fake tan
la crème solaire	suntan lotion

Clothes

les vêtements (m)	clothes
la robe	dress
la jupe	skirt
le pantalon	trousers
la chemise	shirt
la chemisette	blouse
le gilet	cardigan
le sweat à capuche	hoodie
la veste	jacket
le pull	jumper
le manteau	overcoat
le blouson	coat/jacket
la chaussette	sock
la chaussure	shoe

la pointure	size (for shoes)
les baskets (f)	trainers

Accessories

le bijou	jewel
les bijoux	jewellery
la bijouterie	jewellery shop
la bague	ring
le collier	necklace
le bracelet	bracelet
la boucle d'oreille	earring
le piercing	piercing
la montre	wristwatch
le maquillage	make up
le parfum	perfume
l'écharpe (f)	scarf
le foulard	scarf
les lunettes (f)	glasses
les lunettes (f) de soleil	sunglasses
le chapeau	hat
la ceinture	belt
la cravate	tie

Fashion

la mode	fashion
le dessinateur de mode	fashion designer
le défilé de mode	fashion show
démodé	old-fashioned
la fashionista	fashionista
la taille	size (for clothes)
la marque	make, label, brand
moyen / moyenne	medium, average
le mannequin	model
vêtu de	dressed in

Shopping

le grand magasin	department store
la grande surface	hypermarket
le centre commercial	shopping centre
les commerces (m)	shops
la vente	sale (general)
le vendeur/ la vendeuse	shop assistant
le client	customer
le consommateur	consumer
le rayon	department, aisle
la caisse	till

la vitrine	shop window
le lèche-vitrine	window shopping
les soldes (m)	sale (reduced price)
la promotion	special offer
en promotion	on special offer
le prix	price
le demi	half
la moitié	half
à moitié prix	half price
deux au prix d'un	buy one get one free
la carte de fidélité	loyalty card
la carte de magasin	store card
bon marché	cheap
gratuit	free (of charge)
cher	expensive
vendre	to sell
réduire	to reduce
coûter	to cost
faire des achats	to shop
dépenser	to spend (money)
payer	to pay (for)
essayer	to try on
peser	to weigh
faire du lèche-vitrine	to go window shopping

Money

la banque	bank
le compte bancaire	bank account
la carte bancaire	bank card
le relevé bancaire	bank statement
l'argent (m)	money
le portefeuille	wallet
le porte-monnaie	purse
la livre (sterling)	pound (sterling)
la dette	debt
endetté	in debt
enfoncé dans l'endettement	deep in debt
lourdement endetté	heavily in debt
le paiement d'intérêts	interest payment
investir	to invest
le prêt hypothécaire	mortgage
le prêteur hypothécaire	mortgage lender
la finance personelle	personal finance
rembourser	to reimburse
économiser	to save (make savings)
mettre de l'argent de côté	to save money
les paiements (m) à taux variable	variable rate payments
le code-barres	barcode

le lecteur de codes-barre	barcode scanner
la carte de crédit	credit card
le téléshopping	TV shopping
le téléachat	armchair shopping

Food, cooking and eating

la nourriture	food
l'alimentation (f)	food
la bouffe	food (slang)
l'aliment (m)	food item
le petit déjeuner	breakfast
le déjeuner	lunch
le dîner	evening meal
le repas	meal
la boisson	drink
boire	to drink
manger	to eat
bouffer	to eat (slang)
nourrir	to feed

Foodtypes (alphabetised in English)

l'alcool (m)	alcohol
la pomme	apple
le bœuf	beef
la bière	beer
le steak haché	burger
le beurre	butter
le chou	cabbage
le gâteau	cake
la pâtisserie	cake shop
le chou-fleur	cauliflower
la cerise	cherry
le poulet	chicken
le chocolat	chocolate
la charcuterie	delicatessen
le canard	duck
l'œuf (m)	egg
le poisson	fish
l'ail (m)	garlic
la pamplemousse	grapefruit
les raisins (m)	grapes
les haricots verts (m)	green beans
le jambon	ham
la tisane	herbal tea
la glace	ice cream
la confiture	jam
l'agneau (m)	lamb

le citron	lemon
le foie	liver
la viande	meat
le lait	milk
le champignon	mushroom
la noix	nut
l'oignon (m)	onion
la crêpe	pancake
les pâtes (f)	pasta
la pêche	peach
la poire	pear
les petits pois (m)	peas
le poivre	pepper
l'ananas (m)	pineapple
la pomme de terre	potato
la prune	plum
la volaille	poultry
la framboise	raspberry
les crudités (f)	raw chopped vegetables
le riz	rice
le saumon	salmon
le sel	salt
la saucisse	sausage
les fruits de mer (m)	seafood
le lait écrémé	skimmed milk
l'escargot (m)	snail
le potage	soup
la fraise	strawberry
le sucre	sugar
le bonbon	sweet
le thé	tea
la truite	trout
le thon	tuna
la dinde	turkey
le veau	veal
les légumes (m)	vegetables
l'eau (f)	water
le pain complet	wholemeal bread
le yaourt	yoghurt

Preparing food

la cuisine	cooking
faire cuire	to cook (an item)
préparer	to cook (make a meal)
dégeler	to defrost
congelé	frozen
surgelé	frozen
bien cuit	well cooked, well done

le fast-food	fast food
la restauration rapide	fast food
le plat cuisiné	ready meal
le plat préparé	ready meal
le plat à emporter	takeaway meal
le robot culinaire	food processor
le microonde	microwave
frais, fraîche	fresh
la fraîcheur	freshness
le paquet	packet
le morceau	piece
la recette	recipe
la date limite	sell-by date
la tranche	slice
la boîte	tin
la bouteille	bottle
les vendanges (f)	grape harvest
la tasse	cup

At the restaurant

la restauration	catering
le restaurateur	restaurant owner
le chef	chef
la gastronomie	gastronomy, good cooking
le gourmet	gourmet
l'amuse-gueule (m)	appetiser
le hors d'œuvre (m)	starter
l'entrée (f)	starter
en entrée	for starters
l'assiette (f)	plate
le plat	dish (part of a meal)
le plat de résistance	main course
le plat principal	main dish / main course
le dessert	dessert
copieux / copieuse	copious, hearty, big
un repas copieux	a hearty meal
commander	to order
la carte	menu
à la carte	on the (main) menu
prendre	to order, ask for, have
je prends une bière	I'll have a beer
goûter	to taste, try out
déguster	to taste (e.g. wine), sample
le pourboire	tip

Healthy eating

le régime	diet
faire un régime	to be on a diet
manger sain	to eat healthily
gras	fatty
sans matières grasses	fat-free
les matières grasses (f)	fats
le grignotage	grazing, snacking
grignoter	to nibble
le casse-croûte	snack
le gourmand	greedy person, big eater
"light"	low sugar
nutritif / nutritive	nutritional
la nourriture bio(logique)	organic food
l'eau potable (f)	drinking water
l'eau minérale (f)	mineral water
la protéine	protein
les hydrates de carbone (m)	carbohydrates
énergétique	energy-giving
le végétalien / la végétalienne	vegan
le végétarien / la végétarienne	vegetarian
le végétarisme	vegetarianism
la vitamine	vitamin
de saison	seasonal
salé	salty
sucré	sugary
amer / amère	bitter (m/f)
laitier	dairy
exotique	exotic
piquant	spicy
épicé	spicy

Good health

l'exercice	exercise
la médecine alternative	alternative medicine
la médecine parallèle	complementary medecine
le médecin	doctor
la forme	fitness
l'habitude (f)	habit
la santé	health
l'homéopathie (f)	homeopathy
le foie	liver
le sommeil	sleep
la thérapie	therapy
la musculation	weight training
la diététique	dietary science
en forme	fit

en bonne forme	fit
sain	healthy
en bonne santé	healthy, in good health
en bonne santé	in good health
amaigrissant, amincissant	slimming
fort	strong
thérapeutique	therapeutical
aller mieux	to be better
aller bien	to be well
guérir	to heal, cure
avoir la forme	to be fit
(se) récupérer	to get better, recuperate
être au régime	to be on a diet
désintoxiquer	to detox
manger sain	to eat healthily
maigrir	to slim
(se) sentir	to feel
se sentir bien dans sa peau	to feel good about yourself
se détendre	to relax
garder	to look after
se relaxer	to relax
dormir (bien)	to sleep (well)
faire de l'exercice	to do exercise

Bad health

l'anorexie (f)	anorexia
anorexique	anorexic
la boulimie	bulimia
boulimique	bulimic
le cancer	cancer
la fièvre aphteuse	foot and mouth disease
la crise cardiaque	heart attack
malade	ill, sick
la maladie	illness
cancer des poumons	lung cancer
la maladie de la vache folle	mad cow disease
obèse	obese
l'obésité (f)	obesity
le médicament	medicine
la phobie	phobia
le stress	stress
le poids	weight
la drogue	drug
maigre	thin
fatigué	tired
malsain	unhealthy
faible	weak
essoufflé	out of breath

hors d'haleine	out of breath
qui fait grossir	fattening
nocif / nocive	harmful (m/f)
vomir	to be sick
fumer	to smoke
souffrir du stress	to suffer from stress
stressé / stressée	stressed (m/f)
stresser	to get stressed
stressant	stressful
peser	to weigh
tousser	to cough
se droguer	to take drugs
grossir	to get fat
prendre du poids	to put on weight
être en surpoids	to be overweight
avoir des kilos en trop	to be overweight

Home

le voisin	neighbour
le voisinage	neighbourhood
en haut	up(stairs)
en bas	down(stairs)
l'étage (m)	floor, storey
le rez-de-chaussée	ground floor
vivre	to live
habiter	to live
surchargé	overcrowded
l'immeuble (m)	block of flats
le bâtiment	building
le plain-pied	bungalow
le pavillon	(large) detached house
la maison individuelle	detached house
la maison mitoyenne	terraced house
la maison jumelée	semi-detached house
le foyer	home
le domicile	home
la maison	house
la clé	key
déménager	to move house
le loyer	rent

In the house

la pièce	room
l'escalier (m)	staircase
la fenêtre	window
le chauffage central	central heating
les meubles (m)	furniture

la lumière	light
le bureau	office, study
climatisé	air-conditioned
la salle de bains	bathroom
le bain	bath
lavabo	wash basin
laver	to wash
(se) laver	to get washed
le robinet	tap
la douche	shower
le salon	living room, lounge
le canapé	sofa
la cuisine	kitchen/cooking
le congélateur	freezer
le réfrigérateur	fridge
le frigidaire	fridge
le frigo	fridge
le four	oven
la salle à manger	dining room
la chambre	the bedroom
le lit	bed
les lits superposés (m)	bunk beds
l'armoire (f)	wardrobe
se coucher	to go to bed
(se) réveiller	to wake up
(se) lever	to get up
la cave	cellar
le sous-sol	basement
le grenier	attic
le jardin	garden
la poubelle	dustbin
le jardinage	gardening
l'herbe (f)	grass
la pelouse	lawn
la chaise longue	deck chair
la terrasse	patio
le bricolage	DIY (do it yourself)
l'outil (m)	tool
le mur	wall
la tâche	task
le fer à repasser	iron
repasser	to iron
nettoyer	to clean
ranger	to tidy
allumer	to switch on
sale	dirty
propre	clean, tidy
garder	to keep, to look after
casser	to break

Town

le logement	accommodation, housing
l'habitation (f) abordable	affordable housing
l'habitation (f) à loyer modéré	social housing
l'immeuble	block of flats
l'agglomération	built-up area, conurbation
la gare routière	bus station
le hlm	council block
la zone sensible	difficult area
le quartier	district, local area
la cité	estate
l'usine (f)	factory
libre	free, vacant, unoccupied
l'habitant (m)	inhabitant
la bibliothèque	library
l'ascenseur (m)	lift
le musée	museum
le tabac	newsagent's
la boîte	nightclub
le parc	park
le piéton	pedestrian
la zone piétonne	pedestrian, carfree zone
la ZUP (Zone à Urbaniser en Priorité)	priority urban area
immobilier	property (noun or adjective)
le quartier	quarter, area
le loyer	rent
le gratte-ciel	skyscraper
la banlieue	suburb(s)
la grande surface	superstore
le locataire	tenant
la tour	tower
la ville	town
le centre-ville	town centre
le citadin	town dweller
le plan de ville	town plan
urbain	urban
le jardin zoologique	zoo

Countryside

agricole	agricultural
le cultivateur	arable farmer
la librairie	bookshop
le banlieusard	commuter
le campagnard	countryman
la campagne	countryside
le paysage	countryside/landscape

la ville dortoir	dormitory town
la ferme	farm
l'agriculteur	farmer
le champ	field
l'espace vert (m)	green area
la colline	hill
dans la montagne	in the mountains
la montagne	mountain
le faubourg	outskirts
le commissariat	police station
la poste	post office
la gare	railway station
l'aménagement du territoire rural	regional development rural
l'exode rural	rural exodus
la station-service ·	service station
le paysan	small farmer, country dweller
la place	square
la mairie	town hall
l'hôtel de ville (m)	town hall
la commune	town, village
le chemin	way, path

Place and directions

le nord	north
l'ouest (m)	west
l'est (m)	east
le sud	south
à gauche	on/to the left
à droite	on/to the right
tout droit	straight ahead
toutes directions	all directions
l'entrée (f)	entry, entrance
la sortie	exit
ici	here
là-bas	over there
là	there
tout près	very near
loin de	far from
le lieu	place
l'endroit (m)	place
situé / située	situated (m/f)
se trouver	to be situated
le cadre	surroundings
partout	everywhere
nulle part	nowhere
quelque part	somewhere
fermer	to close

ouvert	open
ouvrir	to open
de chaque côté	from/on each side
de l'autre côté	from/on the other side
complet / complète	full (m/f)
occupé	taken, occupied, engaged
chez	at the house of
par	by
jumelé	twinned

Countries and nationalities

la nationalité	nationality
la nationalité double	dual nationality
l'Afrique (f)	Africa
africain / africaine	African
l'Algérie (f)	Algeria
algérien / algérienne	Algerian (m/f)
les Etats-Unis (m)	USA
américain / américaine	American
belge	Belgian
la Belgique	Belgium
la Chine	China
chinois / chinoise	Chinese (m/f)
la Grande-Bretagne	Great Britain
britannique	British
Angleterre (f)	England
anglais / anglaise	English (m/f)
allemand / allemande	German (m/f)
l'Allemagne (f)	Germany
marocain / marocaine	Moroccan
le Maroc/	Morocco
l'Ecosse (f)	Scotland
écossais / écossaise	Scottish (m/f)
l'Espagne (f)	Spain
espagnol / espagnole	Spanish (m/f)
suisse	Swiss
la Suisse	Switzerland
la Tunisie	Tunisia
tunisien / tunisienne	Tunisian (m/f)
le Pays de Galles	Wales
gallois / galloise	Welsh (m/f)
les Alpes (f)	Alps
Douvres	Dover
Londres	London

Travel

l'aventure (f)	adventure

voyager	to travel
le voyage	trip
l'arrivée (f)	arrival
le départ	departure
le trajet	journey
l'agence de voyages (f)	travel agency
le monde	world
l'aéroport (m)	airport
l'avion (m)	plane
voler	to fly
le vol	flight
la valise	suitcase
les bagages (m)	luggage
la location de voitures	car rental
la route	road, way
le billet	ticket
le billet aller-retour	return ticket
le retour	return
retourner	to return
revenir	to come back
partir	to leave
l'horaire (m)	timetable
la carte	map
la pièce d'identité	means of identification
le bateau	boat
la traversée	crossing
la croisière	cruise
la Manche	English Channel

Holidays

les vacances (f)	holidays
bonnes vacances	have a good holiday
à l'étranger	abroad
l'étranger (m)	stranger/foreigner
réserver	to book, reserve
louer	to hire, rent
les renseignements (m)	information
le séjour	stay, visit
rester	to stay
loger	to stay, lodge
le tourisme	tourism
la carte postale	postcard
le spectacle	show
le parc d'attractions	theme park
le logement	accommodation
la chambre d'hôte	bed and breakfast
le camping	camping
faire du camping	to go camping

le dortoir	dormitory
la chambre de famille	family room
la salle de séjour	hotel lounge
la colonie de vacances	holiday/summer camp
le propriétaire / la propriétaire	owner
la station balnéaire	seaside resort
la vue de mer	sea view
le sac de couchage	sleeping bag
l'accueil (m)	welcome
l'auberge de jeunesse (f)	youth hostel
héberger	to lodge, accommodate
la plage	beach
l'île (f)	island
le lac	lake
la Méditerranée	Mediterranean
le sable	sand
le bord de la mer	seaside
bronzer	to sunbathe
la crème solaire	sun cream
les lunettes de soleil (f)	sun glasses
nager	to swim
le maillot de bain	swimming costume
(se) baigner	to bathe, swim
la montagne	mountain
la visite (guidée)	(guided) visit
monter	to go up/ascend
en plein air	in the open air

Air transportation

le vol	flight
voler	to fly
atterrir	to land
l'atterrissage forcé	forced landing
décoller	to take off
le décollage	take-off
aérien / aérienne	air (adj.) (m/f)
l'aiguilleur du ciel (m)	air traffic controller
la boîte noire	black box
le commandant de bord	captain
l'équipage (m)	crew
subir un retard	to be delayed
les grandes lignes	main lines
le long-courrier	long haul plane
le moyen-courrier	medium haul plane
le court-courrier	short haul plane
la navette	shuttle
l'aérogare (f)	terminal
la salle d'attente	waiting room

faire escale	to stop over(night), lay over
piloter	to fly a plane
s'écraser	to crash

Rail transportation

le train	train
un train bondé	a packed train
le train de banlieue	suburban train
le chemin de fer	railway
le réseau ferroviaire	rail network
le wagon	carriage
le fret	freight, goods
en provenance de	from
à destination de	going to
la consigne	left luggage
le quai	platform
la voie	platform, track
privatisé	privatised
le transport en commun	public transport
le cheminot	railwayman
les chemins de fer	railways
le wagon restaurant	restaurant car
l'aiguillage (m)	signalling, points
l'aiguilleur (m)	signalman
le wagon-lit	sleeping car
la gare	station
le rapide	express train
l'autorail (m)	one or two carriage local train
l'omnibus (m)	local train (as above)
le contrôleur	ticket collector
le guichet	ticket office
le conducteur	train driver
la vente ambulante	trolley service

Road transportation

la rocade	bypass
la déviation	detour
le gazole	diesel
perturbé	disrupted (traffic)
le permis de conduire	driving licence
le carburant	fuel
la bande d'arrêt d'urgence	hard shoulder
le code de la route	highway code
la police d'assurance	insurance policy
le carrefour	junction, crossroads
la file	lane
la voie	lane

la voie lente	slow lane
la voie rapide	fast lane
la liaison	link
l'autoroute (f)	motorway
l'échangeur (m)	motorway junction
l'horodateur (m)	parking meter
les heures d'affluence	peak period, rush hour
l'essence (f)	petrol
le carambolage	pile up
la plaque d'immatriculation	registration plate
le périphérique	ring road
le réseau routier	road network
le rond-point	roundabout
les heures de pointe	rush hour
la vitesse	speed
le radar	speed camera, radar
la bosse	speed hump
la limitation de vitesse	speed limit
dépasser une limitation de vitesse	to break a speed limit
le tronçon	stretch of road
la circulation	traffic
l'embouteillage (m)	traffic jam
le bouchon	traffic jam, hold up
les feux (de circulation)	traffic lights
brûler/griller un feu rouge	to go through a red light
le contractuel	traffic warden

Cars

l'auto (f)	car
la voiture	car
l'automobiliste (m)	driver (of a car)
le chauffeur	driver
accélérer	to accelerate
décélérer	to decelerate
l'alcootest	breathalyser test
heurter, tamponner, percuter	to bump, hit
entrer en collision avec	to collide with
changer de vitesse	to change gear
rentrer dans	to collide with, smash into
encombré	congested
l'encombrement (m)	congestion
rouler	to drive
volant	driving, at the wheel
clignoter	to indicate
le clignotant	indicator
se déplacer	to move around
dépasser	to overtake
doubler	to overtake

(se) garer	to park
faire marche-arrière	to reverse
se mettre en route	to set off
ralentir	to slow down
la vignette	tax disc
la camionnette	van
le fourgon	van
conduire	to drive

Buses and bicycles

l'autobus (m)	bus
bondé	packed (e.g. a bus)
le conducteur d'autobus	bus driver
le car	coach
le poids-lourd	heavy good vehicle
le camion	lorry
le routier	lorry driver
la moto	motor bike
le motard	motorcycle policeman
particulier / particulière	private
les transports publics	public transport
desservir	to serve (bus route)
le bicyclette	bicycle
le vélo	bicycle
la voie cyclable	bike lane
freiner	to brake
la voie/zone piétonne	pedestrian area

Sports

le tir à l'arc	archery
le basket	basketball
la boxe	boxing
faire du cyclotourisme	to go cycling (touring)
le benji, le saut à l'élastique	bungee jumping
l'escalade (m)	climbing
faire du vélo	to cycle
faire du cyclisme	to cycle
les sports à frisson	extreme sports
l'escrime (f)	fencing
la lutte	greco-roman wrestling
le vol libre	hang-gliding
la randonnée	hike, hiking
le cheval	horse
les courses (f) hippiques /de chevaux	horse racing
l'équitation (f)	horse riding
la patinoire	ice rink
le patinage à glace	ice skating (pastime)

le patinage artistique	ice skating (sport)
le sport individuel	individual sport
faire du VTT	do mountain biking
l'alpinisme (m)	mountaineering
la course automobile	motor-racing
le parachutisme	parachuting
le parapente	paragliding
l'escalade (f)	rock climbing
faire du roller	to rollerblade
l'aviron (m)	rowing
le rugby	rugby
courir	to run
la voile	sailing
le jumping	show-jumping
le skate	skateboarding
faire du skate	to skateboard
le ski	skiing
la natation	swimming
le sport collectif/d'équipe	team sport
la plongée sous-marine	underwater diving
le volley	volleyball
le ski nautique	water skiing
la promenade	walk
marcher	to walk
se promener	to go for a walk
les sports d'hiver (m)	winter sports
la planche à voile	wind-surfing
le catch	WWF style wrestling

Competing

la Ligue des Champions	Champions' League
le championnat	championship
le concours	competition
le concurrent	competitor
le compétiteur	competitor
le dopage	doping, drug taking
l'épreuve (f)	event (in athletics, for example)
un fan(atique)	fan
le temps libre	free time
le loisir	free time (activity)
le Grand Chelem	Grand Slam
le classement	league table
le derby	local derby
la médaille	medal
les Jeux Olympiques (m)	Olympic Games
la séance	performance
l'emplacement (m)	pitch (tent)
l'aire de jeux (f)	play area

l'arbitre (m)	referee, umpire
la course	race
le coureur	runner, rider
la pratique du sport	taking part in sport
le centre sportif	sports centre
le stade	stadium
le stade	stadium, ground
l'étape	stage (in the Tour de France)
les tribunes (f)	the stands
la piscine	swimming pool
l'équipe (f)	team
les distractions (f)	things to do
la tournée	tour
le tournoi	tournament
l'entraînement (m)	training
l'espèce (f)	type, kind
la Coupe du Monde	World Cup
le maillot jaune	yellow jersey
débuter	to begin, take up
concourir (avec)	to compete with
rivaliser	to compete with
vaincre	to conquer
disqualifier	to disqualify
s'intéresser à	to be interested in
durer	to last
s'exercer	to practise
arbitrer	to referee, umpire
marquer un but	to score a goal
marquer un essai	to score a try
passer du temps	to spend time
faire du sport	do sport
pratiquer un sport	to play a sport
commencer	to start
s'abonner	to subscribe
supporter une équipe	to support a team
participer à	to take part in
avoir lieu	to take place
s'entraîner	to train
essayer	to try
remporter la victoire	to win
triompher	to win, triumph

Activities

les échecs (m)	chess
la chorale	choir
la couture	sewing
le tricot	knitting
jouer aux cartes	to play cards

jouer un jeu de société	to play a board game
chanter	to sing
le chanteur / la chanteuse	singer (m/f)
la chanson	song

Advertising

attirant	appealing
audacieux / audacieuse	bold
séduisant	attractive
mensonger / mensongère	misleading (m/f)
persuasif / persuasive	persuasive (m/f)
choquant	shocking
frappant	striking
fructueux / fructueuse	successful, fruitful (m/f)
la pub	advertising (short for la publicité)
un annonceur	advertiser
la campagne publicitaire	advertising campaign
une pancarte publicitaire	advertising hoarding
le lavage de cerveau	brainwashing
la marque	brand
l'acheteur (m)	buyer
le spot publicitaire	commercial
la page de publicité	commercial break
la concurrence	competition
le concurrent	competitor
le consommateur	consumer
la société de consommation	consumer society
une association de consommateurs	consumer association
l'efficacité (f)	effectiveness
le cadeau gratuit	free gift
le marketing	marketing
l'offre (f)	offer
une affiche	poster
le produit	product
le grand public	the public
faire de la publicité	to advertise
faire de la réclame	to advertise
séduire	to appeal to
attirer	to attract
susciter (l'intérêt)	to arouse (interest)
fidéliser	to build up loyalty
capter l'attention	to capture (attention)
communiquer	to communicate
convaincre	to convince
inciter	to encourage
exagérer	to exaggerate
avec prime	with a free gift
exercer une influence	to influence

influencer	to influence
sur les lieux de vente	at the point of sale
promouvoir	to promote
atteindre	to reach
choquer	to shock
viser	to target

Art

l'art abstrait	abstract art
les arts plastiques	art
un artiste	artist, painter
artistique	artistic
les arts	the arts
les cuivres (f)	brass
la toile	canvas
l'art classique	classical art
exposer	to exhibit
une exposition	exhibition
la galérie	gallery
l'impressionisme (m)	impressionism
l'art moderne	modern art
La Joconde	Mona Lisa
le musée	museum
l'huile (f)	oil
peindre	to paint
le peintre	painter
la peinture	painting
le palet	palette
le tableau	picture
le pointillisme	pointillism
la poterie	pottery
réaliste	realist, realistic
sculpter	to sculpt
le sculpteur	sculptor
surréel	surreal
le surréalisme	surrealism
le surréaliste	surrealist
une aquarelle	water colour

Music

le public	audience
le CD, le laser	CD
la musique classique	classical music
composer	to compose
le compositeur	composer
un auditorium	concert hall, auditorium
le chef d'orchestre	conductor

un auditeur	listener
un 33 tours	LP (long playing) record
l'opéra	opera
un orchestre	orchestra
l'ouverture (f)	overture
la percussion	percussion
enregistrer	to record
l'enregistrement (m)	recording
les cordes (f)	strings
la symphonie	symphony
les bois (m)	woodwind

The press

a la une	on the front page
actuel	current
le compte rendu	account
le courrier du coeur	agony aunt column, problem pages
la censure	censorship
le tirage	circulation
la colonne	column
l'actualité (f)	current affairs
le quotidien	daily
le numéro	edition
le rédacteur	editor
l'éditorial (m)	editorial
l'équipe de (la) rédaction	editorial team
le fait divers	factual news item
les pages financières	financial pages
la liberté de parole	freedom of speech
la presse de bas étage	gutter press
les (gros) titres	headlines
l'illustré (m)	illustrated magazine
le journalisme	journalism
le journaliste	journalist
l'article de tête (m)	leading article
le courrier des lecteurs	letters page
la revue	magazine
les informations	news
la nouvelle	news item
le kiosque	news stall
le marchand de journaux	newsagent
la maison de la presse	newsagent's
le journal	newspaper
la nécrologie	obituary
les paparazzi	paparazzi
le photographe	photographer
l'agence de presse (f)	press agency, news agency
le public	public

le reportage	report, reporting
le reporter	reporter
les petites annonces	small ads
l'envoyé (m) spécial	special correspondent
les pages sportives	sports pages
le résumé	summary
le supplément	supplement
le quotidien populaire	tabloid
le journal à scandale	tabloid, red top
l'hebdomadaire (m)	weekly
faire figurer	to feature
mettre en vedette	to feature (person)
mettre en lumière	to highlight
renseigner	to inform
imprimer	to print
tenir le public au courant	to keep the public informed
publier	to publish
éditer	to publish
paraître	to be published, come out
s'abonner à	to subscribe to
sonder	to survey
faire le point	to take stock, get up to date

Television

la série	series
le dessin animé	cartoon
le talkshow	chat show, talk show
le film policier	detective film
le débat	discussion programme
le documentaire	documentary
le jeu télévisé	game show
le feuilleton	soap opera
le reality show	reality show, docusoap
la télé réalité	reality television
faire de la publicité	to advertise
le spot publicitaire	commercial
la pause publicité	commercial break
la pub	advertising (short for la publicité)
la publicité	adverts
éducatif / éducative	educational
divertir	to entertain
divertissant	entertaining
le divertissement	entertainment
les meilleurs moments	highlights
en direct	live
en différé	recorded
sur le BBC, sur TF1	on the BBC, on TF1
l'animateur / l'animatrice	presenter (m/f)

le présentateur / la présentatrice	presenter
le petit écran	small screen
la violence à la télé	TV violence
le guichet	box office
l'antenne (f)	aerial
la télévision câblée	cable tv
la chaîne	channel
le décodeur	decoder
la télé numérique, le numérique	digital TV
le lecteur DVD	DVD player
la télévision interactive	interactive TV
la grille	listings
l'audimat (m)	ratings
la guerre de l'audimat	ratings war
la télécommande	remote control
la zappette	remote control (slang)
l'antenne (f) parabolique	satellite dish
le parabole	satellite dish
la télévision satellite	satellite tv
l'abonné / l'abonnée	subscriber (m/f)
l'abonnement (m)	subscription
la télévision hertzienne	terrestrial tv
le journal télévisé	TV news
le téléspectateur	TV viewer
le magnétoscope	VCR, video player
animer une émission	to present a programme
enregistrer une émission	to record a programme
s'abonner à, être abonné à	to subscribe to
éteindre	to switch off
allumer	to switch on
zapper	to zap

Cinema

le cinéma à trois dimensions	3D cinema
jouer	to act
le jeu	acting
l'acteur	actor
l'actrice	actress
le comédien	actor (more for theatre)
la comédienne	actress (more for theatre)
le film art et essai	art-house movie
drôle	funny
cartonner	to be a hit
le cinéma dynamique	moving seat cinema
le film de science fiction	sci-fi film
le film de guerre	war film
le western	western
le dessin animé	cartoon

le cinéma	cinema
en noir et blanc	black and white
émouvant	moving
original	original
en couleurs	in colour
l'ambiance (f)	atmosphere
le grand écran	the big screen
passer	to be on (showing at the cinema)
l'opérateur / l'opératrice	cinematographer (m/f)
des images (f) de synthèse	computer graphics
réaliser	to direct, make
le metteur en scène	director
le réalisateur	director
le montage	editing
fin	The End
filmer	to film
tourner un film	to make a film
le cinéphile	film buff, film lover
l'amateur de cinéma	film lover
la projection du film	film projection
la vedette	film star
faire un bide	to flop
faire un tabac	to be a great success
le film d'épouvante/d'horreur	horror movie
l'éclairage (m)	lighting
le producteur	producer
projeter	to project
la qualité du jeu	quality of acting
la critique	review, film criticism
la scène	scene
le scénario	script
le scénariste	scriptwriter
le plateau	set
le tournage	shoot, shooting
la bande sonore	soundtrack, score
les effets spéciaux (m)	special effects
le studio	studio
la cascade	stunt
le cascadeur	stuntman
l'ouvreuse (f)	usherette

Celebrity

une célébrité	celebrity
les potins de stars	celebrity gossip
promotion par une célébrité	celebrity endorsement
la diva	diva
célèbre	famous
faire la une	hit the headlines

l'entretien (m)	interview
suivre le mouvement	to jump on the bandwagon
le mannequin	model
la réputation	reputation
la vedette	star
le chef célèbre	TV chef

Literature

le personnage	character
le caractére	character (of a person, personality)
le trait	characteristic, trait
le point culminant	climax
la comparaison	comparison
le fond	content
le dénouement	end, unravelling of plot
un extrait	extract
le protagoniste	main character, protagonist
le chef d'oeuvre	masterpiece
le sens, la signification	meaning, sense
le roman à thèse	novel with a message
l'intrigue (f)	plot
l'action se déroule...	the plot takes place...
le point de vue	point of view
la perspective	point of view
la citation	quotation
le rapport	relationship
le décor	scenery, set
le cadre	setting, background
le thème	theme
le genre	type (of literature)
l'oeuvre (f)	work, works
faire allusion à	to allude to
paraître	to appear
susciter	to arouse
éclaircir	to clarify
commenter	to comment on
transmettre	to convey
créer	to create
critiquer	to criticise
dépeindre	to depict
entrer dans le détail	to go into detail
incarner	to embody
souligner	to emphasise, stress
évoquer	to evoke, refer to
exprimer	to express
s'identifier avec	to identify with
illustrer	to illustrate
philosophique	philosophical

la philosophie	philosophy
faire le portrait de	to portray
fournir	to provide
citons en exemple...	to quote as an example...
refléter	to reflect
révéler	to reveal
affirmer	to state
frapper	to strike, impress
résumer	to summarise
se dérouler	to take place, unfold

School

la scolarité	schooling
scolaire	school (adj)
l'année scolaire	school year
la rentrée	back to school
la récré(ation)	break
le tableau	blackboard
la calculette	calculator
le délégué de classe	class representative, form captain
la salle de classe	classroom
le couloir	corridor
le tableau électronique	electronic blackboard
le cours	lesson
la leçon	lesson
le casier	locker
la pause-déjeuner	lunch break
le carnet	notebook
la cour	playground
le cours particulier	private lesson
la réponse	reply
le résultat	result
le cahier de brouillon	rough book
le car de ramassage	school bus
les fournitures scolaires (f)	school equipment
le self	self-service cafeteria
le terrain de sport	sports ground
le trimestre	term
le manuel	textbook
l'emploi du temps (m)	timetable
lire	to read
apprendre	to teach
surchargé	overloaded
surmené	overworked
apprendre	to learn
savoir	to know
compter	to count
assister à	to attend

aller en cours	to go to lessons
la maternelle	nursery school
l'école (f) primaire	primary school
l'école (f) élémentaire	primary school
l' école (f) secondaire	secondary school
le CES	11-15 school
le collège	secondary school
le lycée	15-18 school
le lycée	sixth form college, grammar school
le LEP	15-18 school for vocational study
en seconde	in year 11
en première	in year 12
en terminale	in year 13
le premier cycle	Key Stage 1-2
le second cycle	Key Stage 3-4
le bac(calauréat)	A-level(s)
l'apprentissage (m)	learning, apprenticeship
l'internat (m)	boarding house
l'interne	boarder
l'externe, le demi-pensionnaire	day pupil
une école privée	independent school
une école publique	state school

People in school

le principal	head of a "collège"
le proviseur	head of a "lycée"
le directeur	headmaster
la directrice	headmistress
le censeur	deputy head
l'institutrice (f)	primary school teacher (female)
l'instituteur (m)	primary school teacher (male)
le professeur	teacher
enseigner	to teach
l'enseignant (m)	teacher
le surveillant, le pion	supervisor, prefect (equiv.)
le collégien	pupil (in a "collège")
le lycéen / la lycéenne	pupil/students (in a "lycée")
l'élève	pupil
l'étudiant / l'étudiante	student (m/f)
le bachelier / la bachelière	someone who has passed the bac (m/f)

Exams

le diplôme	certificate, qualification
l'examen (m)	examination
l'examinateur / l'examinatrice	examiner (m/f)
l'examen blanc (m)	mock exam
passer un examen	to take an exam

la mention	grade
la note	mark
la moyenne	average grade
le brevet	exam taken at age 15
le bac(calauréat)	baccalaureat (A-level equiv.)
l'épreuve (f)	test, part of the "bac"
la rédaction	shorter essay
passer à l'oral	to do an oral
le contrôle	test
l'interro(gation)	test
le contrôle continu	continuous assessment, coursework
réussir un examen	to pass an exam
réussir (à)	to pass, succeed
conseiller d'orientation	careers adviser
l'orientation (f)	careers guidance
former	to train
corriger	to correct

Subjects

la matière	subject
la matière à option	optional subject
le dessin	art
la chimie	chemistry
le français	French
langue	language
les langues vivantes (f)	modern languages
l'EPS (f)	PE (physical education)
la physique	physics
la lecture	reading
la religion	religious studies
l'informatique (f)	IT (information technology)
les travaux pratiques	practicals

Rules and student behaviour

la règle	rule
le règlement	school rules
mal équipé	badly equipped
obligatoire	compulsory
exigeant	demanding
la retenue	detention
la colle	detention
la difficulté	difficulty
laisser tomber	to drop
le cancre	dunce
échouer (à)	to fail (at something)
rater	to fail (an exam or test) (fam.)
oublier	to forget

les devoirs (m)	homework
insuffisant	inadequate
interdit	not allowed
faire l'école buissonière	to play truant
redoubler	to repeat the year
répéter	to repeat (a school year)
le bulletin scolaire	school report
sécher un cours	to skip a lesson, "bunk off"
acharné	strenuous
être nul en / être nulle en	to be no good at (m/f)
le chou-chou	teacher's pet
un travail soigné	a careful piece of work
doué	gifted
assidu	hard-working, assiduous
bien équipé	well equipped
travailler dur	to work hard
bosser	to work (slang)
rendre un devoir	to hand in homework
être fort en	to be good at
avoir de bonnes notes	to get good marks
avoir de bons résultats	to get good results
comprendre	to understand
faire attention	to pay attention
faire des progrès	to make progress
l'uniforme (m) scolaire	school uniform
porter	to wear, carry
le port de l'uniforme	wearing of school uniform
en Angleterre, tous les élèves portent une uniforme scolaire	In England, all pupils wear school uniform

University

le DEUG	exam done after 2 years at uni
le doctorat	doctorate
la faculté	faculty, university
la dissertation	essay
l'année sabbatique (f)	gap year
la licence	degree
l'établissement (m)	establishment
le dossier	file
la liberté	freedom
les études supérieures	higher education
la conférence	lecture
un cours magistral	lecture, teacher-led lesson
le professeur d'université	lecturer
le maîtrise	Masters (equiv.)
facultatif / facultative	optional (m/f)
la pression	pressure
les études (f)	study

le CAPES	teacher qualification
la grande école	top university
a la fac	at uni
les études universitaires	university studies
la faculté	university, faculty
approfondir	to deepen
faire un diplôme en..	to do a course in...
faire un BTS	to do a GNVQ (equiv)
se spécialiser	to specialise
la spécialisation	specialisation
poursuivre ses études	to continue one's studies
étudier les lettres	to study an arts degree
étudier	to study
penser	to think

Generations

le conflit des générations	generation gap
la retraite	retirement, pension
le baby boomer	Baby Boomer
le désavantage	disadvantage
l'inconvénient (m)	disadvantage, drawback
le cocon familial	family nest
la tolérance	tolerance
tolérant	tolerant
le traumatisme	trauma
l'appui (m), le soutien	support
soutenir	to support
affronter	to confront
faire face à	to face up to, confront
l'enfance (f)	childhood
le gosse / la gosse	kid
le gamin / la gamine	kid
l'adolescence	adolescence
le mec	bloke, guy
le type	bloke, guy
le gars	lad
l'âge ingrat	awkward age
l'âge bête	difficult age
le comportement	behaviour
se comporter	to behave
embêter, agacer	to annoy
embêtant, agaçant	annoying
la pilule	contraceptive pill
la délinquance	delinquency
laisser tomber	to drop
affectif / affective	emotional (m/f)
les stupéfiants (m)	drugs
tomber amoureux/amoureuse de	to fall in love with (m/f)

la rupture	break
rompre avec	to break up with
le fan de	a fan of
un fan de rap	a fan of rap
les digital natives	millennials (brought up in digital age)
les millennials	millennials
le malentendu	misunderstanding
la pression	pressure
supporter	to put up with
clandestinement	secretly
le tabagisme	smoking
le jeune	young person
la jeunesse	youth
le club des jeunes	youth club

Internet

l'ordinateur (m)	computer
sur (l')internet	on the internet
en ligne	on line
sur le web	on the web
via internet	by internet
le compte	account
le bloggeur	blogger
la navigation au moteur	browsing
acheter en ligne	to buy online
le forum	chat room
le clic	click
cliquer	to click
l'ère informatique	computer age
la conception assistée par ordinateur	computer aided design
généré par ordinateur	computer generated
les images de synthèse	computer graphics
la compétence en informatique	computer literacy
le raccordement	connection
le cyberespace	cyberspace
dangereux	dangerous
les données (f)	data
la carte postale électronique	e-card
le courrier électronique	email
la messagerie électronique	e-mail
le mel, le mél	e-mail
envoyer un e-mail	to e-mail
l'adresse (f) e-mail	e-mail address
le fichier	file
le pirate informatique	hacker
le hacker	hacker
de haute technologie/de pointe	hi-tech
la page d'accueil	home page

l'icône (f)	icon
l'autoroute de l'information	information superhighway
l'internet (m)	internet
l'internaute (m)	internet user, surfer
la touche	key
le clavier	keyboard
l'ordinateur (m) portable	laptop
charger	to load
chercher	to look for
la bogue de l'an 2000	millennium bug
le modem	modem
l'écran (m)	monitor
le moniteur	monitor
la souris	mouse
le réseau	network
les actualités (f)	news
en ligne	online
les servicesbancaires en ligne	online banking
le mot de passe	password
protégé par mot de passe	password protected
pirater	to pirate, hack
plagier	to plagiarise
brancher	to plug in, switch on
imprimer	to print
l'imprimante (f)	printer
la programmation	programming
sauvegarder	to save
l'écran (m)	screen
l'écran (m) de veille	screensaver
l'économiseur d'écran	screensaver
le moteur de recherche	search engine
l'expéditeur (m)	sender
envoyer	to send
le serveur	server
le fournisseur d'accès	service provider
l'installation (f)	setting-up
le réseau social	social network
le logiciel	software
naviguer, surfer	to surf
surfer sur Internet	to surf the internet
taper	to type
mettre en ligne	to upload
la vidéoconférence	videoconferencing
le visiophone	videophone
le virus	virus
le site internet	website
le site web	website
la page d'accueil	welcome page
le traitement de texte	word processing

la toile (mondiale) — world wide web

Mobile phones

le téléphone portable — mobile phone
le portable — mobile phone
le mobile — mobile phone
accéder à — to access
la technologie avancée — advanced technology
l'avantage (m) — advantage
l'atout (m) — asset, trump card
la pile — battery
flambant neuf / flambant neuve — cutting edge, brand new (m/f)
effacer — to delete
télécharger — to download
le site rose — erotic website
le jeu — game
l'essor — growth, expansion
innovateur / innovateuse — innovative (m/f)
le lien — link
miniaturisé — miniaturised
recevoir — to receive
enregistrer — to record
fiable — reliable
la carte à puce — smart card
le technologie de pointe — state of the art technology
l'ordinateur tablette (m) — tablet
tchater — to talk/chat online
le texto — text message
l'écran (m) tactile — touch screen
le genre — type, kind
à jour — up to date
branché — up to date, trendy
la mise à jour — update

TV and gadgets

l'antenne (f) — aerial
la télévision câblée — cable tv
le caméscope — camcorder
le lecteur de disques compacts — cd player
le CD-rom, le cédérom — CD-ROM
numérique — digital
le lecteur DVD — DVD player
l'écran (m) plat — flat screen
la console de jeux — games console
le lecteur minidisque — minidisc
le lecteur MP3 — MP3 player
démodé — outdated

le bouquet	package
le parabole	satellite dish
la télé satellite	satellite tv
le téléviseur à écran large	wide-screen tv

Jobs and careers

le travail	work
le personnel	staff
les effectifs	workers, staff
employer	to employ
les employés	employees
le salaire	salary, wages
la prime	bonus
l'impôt (m) sur le revenu	income tax
l'augmentation	increase
le smic	minimum wage
le travail au noir	moonlighting
les avantages (m)	perks
le traitement	salary
bien rémunéré	well-paid
la voiture de service	company car
la carrière	career
expérimenté	experienced
à plein temps	full-time
l'avenir (m)	future
la culture général	general education
les horaires (m)	hours of work
les connaissances (f)	knowledge
le projet	plan
les diplômes	qualifications
diplômé	qualified
les qualifications (f)	qualifications
être bien qualifié pour	to be well qualified for
les compétences (f)	skills
les capacités (f)	skills, abilities
le débutant	beginner
bilingue	bilingual
le travail bénévole	voluntary work
avoir une bonne présentation	to have a good appearance
compter sur	to count on
gagner	to earn (also win)
augmenter	to increase
offrir	to offer
le comptable	accountant
le boulanger	baker
le maçon	builder
le boucher	butcher
l'hôtellerie (f)	catering industry

le fermier	farmer
le coiffeur	hairdresser
l'informaticien	IT worker
le journalist	journalist
l'avocat (m)	lawyer
le mécanicien	mechanic
l'infirmier (m)	nurse
le plombier	plumber
l'agent de police (m)	policeman
le policier	policeman
le métier	profession
la profession	profession
la profession libéral	white-collar profession
le col bleu	blue collar worker
le serveur / la serveuse	waiter, waitress
le vétérinaire	vet
le métier	trade, profession
le facteur	postman
l'ingénieur (m)	engineer
le patron / la patronne	boss (m/f)

Applying for a job

Chère Madame, cher Monsieur,	Dear Sir/Madam
pourriez-vous confirmer...	could you confirm..
suite à	following
notre conversation téléphonique	our phone conversation
suite à votre annonce parue dans	following your advertisement in...
J'ai bien reçu votre lettre	I received your letter
je vous signale que...	I'm letting you know that
en réponse à	in reply to
votre lettre du 2 mai	your letter of the 2nd May
on vous le fera savoir	we'll let you know
Je vous prie d'agréer	Yours faithfully
le rendez-vous	appointment
le candidat	candidate
le rêve	dream
rêver	to dream
l'employé / l'employée	employee (m/f)
l'employeur (m)	employer
les premières impressions	first impressions
l'entretien (m)	interview
l'emploi (m)	job
le boulot	job (slang)
l'entretien (m)	job interview
l'offre (f) d'emploi	job offer
le poste	job, post
le demandeur d'emploi	job-seeker
le recrutement	recruitment

embaucher	to take on, employ
postuler pour	to apply for
poser sa candidature	to apply for
espérer	to hope
faire une bonne impression	to make a good impression
faire une meilleure impression	to make a better impression
faire une mauvaise impression	to make a bad impression
chercher	to look for
recruter	to recruit

Unemployment

au chômage	unemployed
le chômeur	unemployed person
chômer	to be unemployed, out of work
le chômage	unemployment
toucher le chômage	to receive unemployment benefit
les chiffres (f) du chômage	unemployment figures
les conditions de travail	working condidtions
le licenciement	redundancy
licencier	to lay off, make redundant
être licencié	get made redundant
renvoyer	to sack
être renvoyé	get fired
quitter un emploi	to leave a job
la baisse	fall, decrease
la diminution	fall, decrease
supprimer	to get rid of (jobs)
l'ANPE	job centres
(Agence Nationale pour l'Emploi)	
la création d'emplois	job creation
le congé	leave, holiday
de longue durée	long-term
de moyenne durée	medium-term
à mi-temps	part-time
à temps partiel	part-time
le petit job	part-time job
le job	part-time job, holiday job
promouvoir	to promote
le débouché	prospect/job prospect/opportunity
prendre sa retraite	to retire
la réinsertion	retraining
de courte durée	short-term

In the office

les comptes (f)	accounts
l'évaluation	appraisal
l'apprenti / l'apprentie	apprentice (m/f)

la fermeture	closure
l'ordinateur (m)	computer
détaillé	detailed
efficace	efficient, effective
le courrier électronique	e-mail
le télécopieur, le fax	fax machine
classer	to file
faire du classement	to do the filing
l'entreprise (f)	firm, enterprise
le matériel	hardware
l'informatique (f)	ICT
interpréter	to interpret
l'interprète (m/f)	interpreter
le rendez-vous	meeting
la réunion	meeting
méthodique	methodical
méticuleux / méticuleuse	meticulous, careful (m/f)
les fournitures bureaucratiques	office equipment
le propriétaire / la propriétaire	owner
le récepteur d'appel	pager
la photocopieuse	photocopier
photocopier	to photocopy
le projet	plan
l'accueil (m)	reception
le risque	risk
"métro, boulot, dodo"	routine of commuting, work, sleep
la sécurité	safety
le scanner	scanner
le dactylo / la dactylo	short-hand typist
les compétences (f)	skills
le logiciel	software
le téléphone	telephone
téléphoner à	to telephone
formé en	trained in
la traduction	translation
la vidéoconférence	videoconference
le traitement de texte	word processing
l'équilibre travail-vie	work/life balance
la rédaction	writing (of a report)
appeler	to call
faire la navette	to commute
faire un stage	to go on a course
envoyer un mel	to send an e-mail
télécopier, faxer	to fax
accueillir	to greet
fournir	to provide
rédiger un rapport	to draw up a report
envoyer	to send
expédier	to send

faire du dactylo	to do short-hand
prendre des notes	to take notes
traduire	to translate
taper	to type
travailler	to work
travailler à l'expédition	to work in despatch

Industry and commerce

la société	company
l'établissement (m)	company
la compagnie	company
l'entreprise (f)	company, business
le patron	boss
les affaires (f)	business
l'homme/la femme d'affaires	businessman/woman
le président	chairman
la concurrence	competition
le coût	cost
les frais (m)	costs, fees
le client / la cliente	customer
la clientèle	customers
gérer	to manage, run
la direction	management
la gestion	management
le PDG	managing director
la fabrication	manufacture
fabriquer	to manufacture
le cadre moyen	middle manager
la commande	order
commander	to order
l'organisation	organisation
le/la propriétaire	owner
le syndicat	trade union
l'ouvrier (m)	worker
la main d'oeuvre	workforce
le commerce	trade, business
le profit	profit, advantage
rentable	profitable
les bénéfices (m)	profits
la perte	loss
être en baisse	to be falling
baisser	to drop, fall
être en hausse	to be rising
l'exportation (f)	export
exporter	to export
l'usine (f)	factory
diminuer	to fall, decrease
les marchandises (f)	goods

l'importation (f)	import
importer	to import
industriel	industrial
le lancement	launch
lancer	to launch
la distribution	distribution
distribuer, livrer	to deliver
le col bleu	blue collar worker
la livraison	delivery
la demande	demand
le rabais	discount
le distributeur	distributor
le salarié	paid worker
à temps partiel, à mi-temps	part time
le produit	product
la gamme	range
la vente au détail	retail sale
la vente	sale
le cadre supérieur	senior executive
le personnel	staff
les effectifs (m)	staff
la grève	strike
se mettre en grève	to go on strike
faire la grève	to go on strike
l'impôt (m)	tax
la formation	training
la vente en gros	wholesale, bulk

Distribution of wealth

la croissance économique	economic growth
l'économie (f)	economy
s'améliorer	to get better (no object)
la récolte	crop, harvest
éradiquer	to eradicate
les biens	goods
les marchandises (f)	goods
la croissance	growth
l'impôt sur le revenu	income tax
l'augmentation (f)	increase (in number)
être en hausse	to be on the increase
le taux d'intérêt	interest rate
le manque	lack
devoir	to owe
le secteur primaire	primary sector
le taux	rate
le secteur secondaire	secondary sector
le niveau de vie	standard of living
la subvention	subsidy

taxer	to tax
la tendance	tendency
tendre à, avoir tendance à	to tend towards
le secteur tertiaire	tertiary sector

Poverty

la pauvreté	poverty
la misère	extreme poverty
la dette, l'endettement (m)	debt
être endetté	to be in debt
le déclin	decline
être en baisse	to be on the decline
la diminution	decrease, fall
diminuer	to decrease, fall
la carence	deficiency
priver de	to deprive of
dans le dénuement	destitute
affligé	distressed
endémique	endemic
la famine	famine
la privation	hardship
manquer	to lack, be short of
se nourrir de	to live on
la qualité de vie	quality of life
souffrir	to suffer
le soutien	support
soutenir	to support
répandu	widespread
avoir les moyens de	to afford
améliorer	to improve (with object)
la hausse	increase
aisé	well-off

Materials

le béton	concrete
le verre	glass
l'or (m)	gold
le fer	iron
le cuir	leather
la soie	silk
l'argent (m)	silver
le bois	wood
la laine	wool

Nature

l'atmosphère (f)	atmosphere

le littoral, la côte	coast
écologique	ecological
l'environnement (m)	environment
environnemental	environmental
la flore et faune	flora and fauna
la fleur	flower
vert	green
l'habitat (m)	habitat
l'insecte (m)	insect
l'oxygène (m)	oxygen
la plante	plant
la rivière	river
le fleuve	major river
la marée	tide
le tigre	tiger
la forêt tropicale	tropical rainforest
la corne de rhinocéros	rhino horn
le cours d'eau	watercourse
la baleine	whale

Causes of environmental issues

la climatisation	air conditioning
la boîte (en carton)	(cardboard) box
le gaz carbonique	carbon dioxide
le dioxyde de carbone	carbon dioxide
les gaz (m) carboniques	carbon gases
le monoxyde de carbone	carbon monoxide
les CFC	CFCs
le produit chimique	chemical product
la centrale thermique	coal-fired power station
le gas-oil, le gazole	diesel fuel
rejeter	to discharge
les effluents (m)	effluent, discharge
les gaz (m) d'échappement	exhaust fumes
le carburant	fuel
dégager	to give off (gas)
le gaz à effet de serre	greenhouse gas
cultiver	to grow
la chasse	hunting
le plomb	lead
le niveau	level
le mercure	mercury
l'azote (m)	nitrogen
les nuisances sonores	noise pollution
la centrale nucléaire	nuclear power station
les déchets nucléaires	nuclear waste
le pétrole	oil
le mazout	oil

l'emballage (m)	packaging
l'essence	petrol
le pétrole	petroleum, crude oil
le sac en plastique	plastic bag
polluer	to pollute
le polluant	pollutant
pollué	polluted
les déchets (m)	rubbish
les ordures (f)	rubbish, garbage
l'odeur (f)	smell
souiller	to soil, contaminate
déverser	to spill
le déversement	spillage
la bombe aérosol	spray can
jeter	to throw (away)
toxique	toxic
sans plomb	unleaded, lead free
les déchets (m)	waste
gaspiller	to waste

Effects of environmental issues

les pluies acides	acid rain
l'asthme (m)	asthma
le problème respiratoire	breathing difficulty
contaminer	to contaminate
les dommages (m)	damage
en danger	in danger
la déforestation	deforestation
le déboisement	deforestation
la désertification	desertification
détruire	to destroy
disparaître	to disappear
le désastre	disaster
la sécheresse	drought
le tremblement de terre	earthquake
le séisme	earthquake
en voie de disparition	endangered
le réchauffement de la terre	global warming
le réchauffement de la planète	global warming
l'inondation (f)	flood
inonder	to flood
l'effet (m) de serre	greenhouse effect
nuire à	to harm
les gaz toxiques	harmful gases
nocif / nocive	harmful, noxious (m/f)
le trou	hole
la marée noire	oil slick
la couche d'ozone	ozone layer

radioactif / radioactve	radioactive (m/f)
tuer	to kill
menacé	threatened
l'espèce en voie d'extinction	threatened species

Protecting the environment

biodégradable	biodegradable
le covoiturage	car-sharing
le pot catalytique	catalytic converter
l'assainissement (m)	cleaning-up
la réponse collective	collective response
la responsabilité collective	collective responsibility
nous avons collectivement la responsabilité	we have collective responsibility
efficace	effective, efficient
exploiter	to exploit
les hydrocarbures	hydrocarbons
l'individu (m)	individual
impliquer	to involve
la question	issue, matter
le parc national	national park
le parc naturel	nature reserve
la réserve naturelle	nature reserve
à l'échelle mondiale	on a global scale
les produits bio (m)	organic products
l'organisme (m)	organisation
ramasser	to pick up
préserver	to preserve
le groupe de pression	pressure group
protéger	to protect
faire du recyclage	to recycle
le centre de recyclage	recycling centre
l'énergie (f) renouvelable	renewable energy
le risque	risk
sauvegarder	to safeguard, preserve
le prélèvement	sample
sauver	to save
la réglementation	set of rules
le milieu	surroundings, environment
la survie	survival
survivre	to survive
éteindre	to switch off
l'impôt (m)	tax
utiliser	to use
le souci	worry, care

Energy - general

l'énergie (f)	energy
les ressources en énergie	energy resources
l'approvisionnement en énergie	energy supply
énergétique	of energy
utiliser	to use
user	to use up

Non-renewable energy

non-renouvelable	non-renewable
le charbon	coal
la consommation	consumption
dépendre de	to depend on
le gisement	deposit (of oil, gas etc)
épuiser	to exhaust
s'épuiser	to be exhausted
les retombées (f)	fall-out
E.D.F.	French national electricity supplier
le gaz	gas
le fioul	heating fuel
le marché	market
le Moyen Orient	Middle East
le besoin	need
la Mer du Nord	North Sea
l'essence (f)	petrol
le pétrole	petroleum
un pipeline	pipeline
la centrale	power station
les matières premières	raw materials
le réacteur	reactor
à court terme	short term

Renewable energy

l'énergie (f) propre	green energy
renouvelable	renewable
disposer de	to have available
la barrage	dam
géothermique	geothermal
chauffer	to heat
le chauffage	heating
la houille blanche	hydro-electric power
l'isolation (f)	insulation
à long terme	long term
énergie nucléaire	nuclear power
centrale nucléaire	nuclear power station
les déchets nucléaires (m)	nuclear waste

les ressources (f)	resources
économiser	to save, economise
solaire	solar
le panneau solaire	solar panel
stocker	to stock
suffire	to be sufficient
éteindre	to switch off
allumer	to switch on
marémotrice	tidal (energy)
les vagues (f)	waves
le vent	wind
l'énergie éolienne	wind power
le moulin à vent	windmill

War and conflict

la guerre	war
le conflit	conflict
les forces (f) armées	armed forces
l'intervention (f) militaire	military intervention
l'armée de l'air	air force
le porte-avions	aircraft carrier
l'alliance (f)	alliance
les alliés (m)	allies
blindé	armoured
les armes (f)	arms, weapons
l'armée (f)	army
l'attentat (m)	attack (terrorist)
le séparatiste basque	basque separatist
la bataille	battle
le champ de bataille	battlefield
biologique	biological
chimique	chemical
nucléaire	nuclear
le cessez-le-feu	ceasefire
la guerre civile	civil war
la guerre froide	cold war
conventionnel / conventionnelle	conventional
la crise	crisis
le missile de croisière	cruise missile
air-mer	air to sea (missile)
le couvre-feu	curfew
la défense	defence
dissuader	to deter
la dissuasion	deterrence
le désarmement	disarmament
l'ennemi (m)	enemy
l'adversaire (m)	enemy, adversary
la purification ethnique	ethnic cleansing

le combat	fight, action
la force de frappe	french nuclear strike force
sol-sol	ground to ground (missile)
le débarquement	landing
la mine	mine
la marine	navy
le réseau	network
la force nucléaire de dissuasion	nuclear deterrent
la paix	peace
la prévention	prevention
la stratégie	strategy
la lutte	struggle
le char	tank
la terreur	terror
le terrorisme	terrorism
le terroriste	terrorist
le traité	treaty
les troupes (f)	troops
la trêve	truce
affronter	to confront
démanteler	to dismantle
exploser	to explode
faire face à	to face up to
combattre	to fight
jouer un rôle militaire	to play a military role

Religion

la foi	faith
un adepte	follower
agnostique	agnostic
athée	atheist
la croyance	belief
croyant	believer
le dieu	a god
la cloche	bell
La Bible	Bible
le bouddhisme	Buddhism
le catholicisme	Catholicism
chrétien	Christian
le christianisme	Christianity
l'assemblée (f)	congregation
le couvent	convent
la crise	crisis
Dieu	God
le gourou	guru
Hindou	Hindu
l'imam	imam
l'Islam	Islam

juif / juive	Jewish (m/f)
le judaïsme	Judaism
Le Coran	Koran
laïc / laïque	lay (not linked with religion) (m/f)
la messe	mass
le pasteur	minister, pastor
le monastère	monastery
le moine	monk
le religieux	monk
la moralité	morality
la mosquée	Mosque
musulman	Muslim
le monde musulman	muslim world
la religieuse, la bonne soeur	nun
le défilé	parade
le pèlerin	pilgrim
le pèleringae	pilgrimage
la prière	prayer
le prêtre	priest
la procession	procession
le cortège	(funeral) procession
le service	Protestant service
le protestantisme	Protestantism
l'office	Roman Catholic service
le rite	rite
le rituel	ritual
la secte	sect
le péché	sin
le temple	temple
la vérité	truth
le culte	worship
rendre un culte à	to worship
baptiser	to baptize
croire en Dieu	to believe in God
bénir	to bless
prier	to pray

France and its institutions

CDI	resource centre
le centre de documentation et d'information	
CES	secondary school
le collège d'enseignement secondaire	
EPS	PE (physical education)
l'éducation physique et sportive (f)	
HLM	social housing, council housing
l'habitation à loyer modéré (f)	
SAMU	emergency medical services
le service d'aide médicale d'urgence	

SDF	homeless person
le sans domicile fixe	
SNCF	French national rail
la société nationale des chemins de fer français	National Rail Service
TGV	high-speed train
le train à grande vitesse	
TVA	VAT (Value Added Tax)
la taxe sur la valeur ajoutée	
VTT	mountain bike area
le vélo tout terrain	
le Parti Communiste (P.C.)	Communist Party
la Préfecture	county council (equiv.)
les pays en voie de développement	developing nations
la diplomatie	diplomacy
diplomatique	diplomatic
l'aide économique	economic aid
la sanction économique	economic sanction
l'Elysée	Elysee Palace (home of the President)
les anciennes colonies (f)	former colonies
le maghreb	former French N.Africa
le pays francophone	francophone nation
Médecins sans Frontières	french aid organisation
les DOM TOM	French Overseas Territories
l'Hôtel Matignon	home of the prime minister
la Chambre des Députés	House of Commons" (equiv.)
le lien	link
le Conseil Municipal	local council
le Front National	National Front
la paix	peace
le préfet	prefect
le R.P.R.	right wing party (equiv. Conservative)
le Sénat	Senate, House of Lords (equiv.)
le Parti Socialiste (P.S.)	Socialist Party
la subvention	subsidy, grant
le Tiers Monde	Third World
l'embargo	trade embargo
les Nations Unies	United Nations
mondial	worldwide
rapprocher	to bring together
maintenir	to maintain
promouvoir	to promote
l'appui (m)	support
le soutien	support

European Union

l'accord	agreement
le but	aim, goal
la frontière	border

le P.A.C.	C.A.P. (Common Agricultural Policy)
le Marché Commun	Common Market
le développement	development
la Communauté Européenne	European Community
le Président de la Commission	E.U. President
économique	economic
l'élargissement (m)	enlargement
l'euro	euro
la Commission	European Commission (Brussels)
la coopération européenne	European cooperation
le taux de change	exchange rate
l'indépendance	independence
le Membre de Parlement Européen	M.E.P.
le membre	member
les pays (m) membres	member states
les états (m) membres	member states
l'appartenance (f)	membership
le partenaire	partner
le partenariat	partnership
le partage du pouvoir	power-sharing
la rivalité	rivalry
la monnaie unique	single currency
la solidarité	solidarity
la souveraineté	sovereignty
une étape	stage (in development)
la subsidiarité	subsidiarity
la subvention	subsidy
le commerce	trade
le traité	treaty
la volonté	will
abolir	to abolish
appartenir à	to belong to
contester	to challenge, question
privilégier	to favour
favoriser	to favour
fonctionner	to function, work
harmoniser des lois	to harmonise laws
harmoniser des taxes	to harmonise taxes
mettre en oeuvre	to implement
passer une loi	to pass a law
mettre en place	to set up
établir	to set up
renforcer	to strengthen
participer à	to take part in
prendre des mesures	to take steps
élargir	to widen

Political Systems

le gouvernement	government
la démocratie	democracy
élire	to elect
l'élu	elected representative
l'électorat (m)	electorate
la politique	politics, policy
le suffrage	voting
de droite/de gauche	right/left wing
le quinquennat	5 year mandate
le septennat	7 year mandate
s'abstenir	to abstain
le scrutin	ballot
le projet de loi	bill
l'élection partielle	by-election
conservateur	Conservative
travailliste	Labour
la circonscription	constituency
le conseil	council
le conseiller	councillor
le débat	debate
la défaite	defeat
diriger	to direct, lead
l'extrême droite	far right
vert	green, ecologist
le chef de l'etat	head of state
la voix	individual vote
militer	to be involved in political action
le leader	leader (of a political party)
le mandat	mandate, term of office
le membre	member
le ministre	minister
le ministère	ministry
le député	MP, Member of Parliament
le parlement	parliament
les élections législatives	parliamentary elections
le parti	party
le régime	political regime
l'homme politique	politician
le politicien	politician
aller aux urnes	to go to the polls
le pouvoir	power
le préfet	prefect
les élections (f) présidentielles	presidential elections
la représentation proportionnelle	proportional representation
le référendum	referendum
la république	republic
républicain	republican

démissionner	to resign
le porte-parole	spokesman/woman
se présenter	to stand (for election)
l'etat	state
la victoire	victory
l'enquête (f)	enquiry
une question épineuse	thorny issue
il s'agit de	it's a question of
s'inquiéter	to worry
le souci	worry, care
mondial	worldwide
le sommet	summit
l'ennui (m)	problem, worry

Physical and mental health

l'avortement (m)	abortion
avorter	to abort
un toxicomane	addict
accro	addicted
le tabac	tobacco
le tabagisme	addiction to smoking
se droguer	to take drugs
le toxicomane / la toxicomane	drug addict
la drogue	drugs
soûl (also spelt saoul)	drunk
se saoûler	to get drunk (fam.)
ivre	drunk
s'enivrer	to get drunk
l'alcool (m)	alcohol
l'alcoolique	alcoholic
tenter	to attempt
disponible	available
le soin	care
soigner	to care for
se suicider	to commit suicide
la consommation	consumption, usage
quotidien / quotidienne	daily (m/f)
endommager	to damage
déprimé	depressed
faire une déprime	to get depressed
la planification des naissances	family planning
le planning familial	family planning
cacher	to hide
le sida	AIDS
VIH	HIV
séropositif	HIV positive
mentir	to lie
empêcher	to prevent

protéger	to protect
voler	to steal
la tentative de suicide	suicide attempt
le tatouage	tattooing
l'attaque (f)	attack
agresser	to attack
harceler	to bully, harass
le harcèlement	bullying, harassment
la dette	debt
les personnes (f) défavorisées	disadvantaged people
se débrouiller	to get by, to cope
effrayant	frightening
la bande	gang
renoncer	to give up
lourd	heavy, serious
les sans-abri	the homeless
le sans-abri	homeless person
le trou	hole
l'espoir (m)	hope
les droits (m) de l'homme	human rights
humanitaire	humanitarian
l'analphabétisme (m)	illiteracy
analphabète, illettré	illiterate
l'immigré (m)	immigrant
augmenter	to increase
intervenir	to intervene
aboutir à	to lead to, result in
défavorisé	neglected, run-down
s'opposer à	to be opposed to
donner sur	to overlook
primordial	of paramount importance
le réfugié	refugee
le droit	right
le niveau de vie	standard of living
sinistré	disaster stricken
dégoûtant	disgusting
l'état (m)	state
lutter	to struggle
supprimer	to suppress, eliminate
avertir	to warn
surveiller	to watch
la vague	wave
élargir	to widen

Volunteering

le travail bénévole	voluntary work
l'instruction (f) civique	citizenship
l'association (f) caritative	charity

le conseil	advice
valoir mieux	to be better, preferable
la campagne	campaign
la manifestation	demonstration
enrichissant	enriching, rewarding
égal	equal
l'événement (m)	event
la foire	fair
l'avis (m)	opinion
s'entraîner	to train
traduire	to translate
agir	to act
croire	to believe
combattre	to combat
(se) plaindre	to complain
améliorer	to improve
supporter	to tolerate, put up with
remarquer	to notice

The judicial system

l'appel (m)	appeal
faire appel	to appeal
l'affaire (f)	case
l'inculpation (f)	charge
la plainte	complaint
déposer plainte	to lodge a complaint
porter plainte	to lodge a complaint
obligatoire	compulsory
condamné	convicted
juste	correct
corriger	to correct
la cour (de justice)	court (of justice)
la peine de mort	death penalty
le décret	decree
la défense	defence
l'accusé	defendant, accused
l'erreur (f)	error, mistake
le témoignage	evidence
témoigner	to give evidence
le juge d'instruction	examining magistrate
faux / fausse	false (m/f)
la faute	fault, mistake
l'audience	hearing
il me faut	I must
il faut	it is necessary
le juge	judge
le jury	jury
la loi	law

le droit	law (as a discipline)
l'avocat (m)	lawyer, barrister
juridique	legal
la procédure judiciare	legal system
légitime	legitimate, legal
la réclusion à perpétuité	life imprisonment
les jurés	members of the jury
parfait	perfect
l'inculpé	person being charged
le pouvoir	power
le prisonnier	prisoner
le détenu	prisoner
la preuve	proof
l'accusation (f)	prosecution
les poursuites (f)	prosecution
le procureur (de la république)	(public) prosecutor
le parquet	public prosecutor's department
la condamnation	sentence
la peine	sentence
le notaire	solicitor
la déposition	sworn statement
le procès	trial, case
la vérité	truth
juger	to try
le jugement	verdict
le verdict	verdict
se prononcer	to reach a verdict
le témoin	witness
sûr	certain, sure
décharger	to acquit
acquitter	to acquit
engager un procès contre	to take action against
comparaître	to appear in court
mettre en examen	to charge
reconnaître coupable	to convict
poursuivre en justice	to take to court
infliger une peine	to impose a penalty
se tromper	to make a mistake
plaider	to plead
faire un procès à	to start proceedings against
poursuivre	to prosecute
prouver	to prove

Crime

l'arrestation (f)	arrest
arrêter	to arrest
le flic	copper
le filou	crook (slang)

le décès, la mort	death
la manifestation	demonstration
échapper	to escape
la soirée arrosée	evening spent drinking
mortel / mortelle	fatal (m/f)
s'enfuir, fuir	to flee, run away
la bande	gang
le flingue	gun (slang)
le coup de feu	gunshot
le détective d'homicide	homicide detective
le taux d'homicide	homicide rate
le voyou	hooligan, yob
l'insécurité (f)	insecurity
impliqué	involved
un assassinat	murder, attempted murder
le meurtrier	murderer
se sauver	to run away
la sécurité	security, law and order
suspect	suspicious
la cible	target
la victime	victim

Types of crime

le vol à main armé	armed robbery
le pyromane	arsonist
le ripou	bent copper (slang)
le chantage	blackmail
le cambriolge	burglary
le crime passionnel	crime of passion
le traficant, le dealer	dealer, trafficker
le trafic des stupéfiants/drogues	drug trafficking
le détournement de fonds	embezzlement
le racket	extorsion
la bagarre	fight, scuffle
incendier	to set fire to
la fraude	fraud
la délinquance juvénile	juvenile delinquency
l'enlèvement (m)	kidnapping
homicide involontaire	manslaughter
le blanchiment	money laundering
l'agression (f)	mugging, attack
le meurtre	murder
l'attentat	murder attempt
le viol	rape
l'émeute (f)	riot
tirer sur	to shoot
abattre	to shoot (dead)
le vol l'étalage	shop lifting

l'escroquerie (f)	swindle
le vandalisme	vandalism
la vengeance	vengeance
le vol	theft

Scientific and medical research

le but	aim, goal
l'analyse (f)	analysis
la percée	breakthrough
chimique	chemical
le clonage	cloning
le remède	cure
la technologie de pointe	cutting edge technology
découvrir	to discover
une découverte	discovery
l'épidémie	epidemic
la renommée	fame, renown
le domaine	field, area
le gène	gene
les manipulations (F) génétiques	genetic engineering
le généticien	geneticist
la génétique	genetics
le projet du génome	genome project
la maladie	illness
le laboratoire	laboratory
la maladie de la vache folle	mad cow disease
à l'essai	on trial
le pionnier	pioneer
la peste	plague
le progrès	progress
les recherches (f)	research
un chercheur	researcher
la fusée	rocket
le satellite	satellite
un savant	scholar
une scientifique	scientist
l'espace	space
la spatiologie	space science
les voyages interplanétaires	space travel
un engin spatial	spacecraft
la lutte	struggle, fight
la réussite	success
thérapeutique	therapeutic
le vaccin	vaccine
le virus	virus
réaliser	to achieve, fulfil
alléger	to alleviate
se raviser	to change one's mind

guérir	to cure
développer	to develop
combattre	to fight
maîtriser	to master
mettre en orbite	to put into orbit
mettre au point	to perfect
la mise au point	perfecting
être atteint de	to suffer from

Identity and culture

algérien	Algerian
portugais	Portuguese
marocain	Moroccan
le comportement	behaviour
la conduite	behaviour, conduct
de souche	by birth, "pure bred"
culturel / culturelle	cultural (m/f)
la culture	culture
les moeurs (f)	customs
le "pied-noir"	former colonist (pej.)
l'hexagone	France
le maghrébin	from the maghreb
le patrimoine	heritage
le milieu culturel	social background
le mode de vie	way of life

Immigration and racism

le beur	2nd generation North African
l'hébergement	accommodation
SOS racisme	anti racist organisation
le demandeur d'asile	asylum seeker
une agression	attack, mugging
la frontière	border
la détention	detention
la diversité	diversity
les minorités (f) ethniques	ethnic minorities
l'extrême droite	far right
la peur	fear
fuir	to flee
étranger / étrangère	foreign (m/f)
la bande	gang
le ghetto	ghetto
le pays d'accueil	host country
la terre d'accueil	host country
la carte d'identité	identity card
clandestin	illegal (immigrant)
l'immigration (f) clandestine	illegal immigration

l'immigré (m)	immigrant
immigrer	to immigrate
injurier	to insult
les injures (f)	insults
insupportable	intolerable
intolérant	intolerant
minoritaire	minority (view)
le Front National	National Front party
le ressortissant	national, immigrant
naturalisé	naturalised
le racisme	racisme
une attaque raciste	racist attack
accueillir	to receive, welcome, greet
le centre d'accueil	reception centre
l'asile	refuge, asylum
se réfugier	to take refuge
le réfugié	refugee
repatrier	to repatriate
le bidonville	shanty town
le/la lepéniste	supporter of Le Pen
la tolérance	tolerance
en situation irrégulière	without official papers
le xénophobe	xenophobe
la xénophobie	xenophobia
émigrer	to emigrate
s'insérer	to integrate
s'intégrer	to integrate
l'insertion	integration
ne pas supporter	to be intolerant of
avoir des préjugés	to be prejudiced
provoquer	to provoke
supporter	to put up with
s'installer	to settle
fomenter	to stir up
menacer	to threaten
tolérer	to tolerate
déchaîner	to unleash

Equal opportunities

l'égalité (f) des droits	equal rights
l'égalité (f)	equality
l'invalidité	disability
l'incapacité (f)	disability
handicapé (f)	disabled
invalide	disabled
l'accès (m) aux handicapés	disabled access
le handicap	handicap
valide	able-bodied, healthy

avoir accès à	to have access to
accéder à	to have access to
mettre sur pied	to put into action
concourir	to compete
faire concurrence à	to compete with
la discrimination	discrimination
mettre un terme à	to put an end to
metter fin à	to put an end to
l'autonomie	independence
autonome	independent
vivre sa vie	to live one's life
la pression	pressure
empêcher	to prevent
promouvoir	to promote
prendre des mesures	to take steps
les mutilés de guerre	war-wounded
le fauteuil roulant	wheelchair
la main d'oeuvre	workforce

Gender equality

l'égalité (f) des sexes	sexual equality
l'émancipation (f) des femmes	women's rights
le féminisme	feminism
féministe	feminist
la condition féminine	position/status of women
chauvin	chauvinist
le changement	change
favoriser	to encourage
être sur un pied d'égalité	to be on equal terms
à travail égal, salaire égal	equal work, equal pay
le harcèlement sexuel	sexual harassment

Exclusion

l'exclusion	exclusion, rejection
exclu	excluded (noun or adjective)
les exclus	social outcasts
les nantis et les démunis	haves and have-nots
les démunis (m)	destitute
le vagabondage	sleeping rough
le vagabond	tramp
le cercle vicieux	vicious circle
mendier	to beg
le mendiant	beggar
le carton	cardboard
les soins (m)	care
le froid	cold
défavorisé	deprived

le quartier défavorisé	deprived area
dépourvu de	deprived of
mépriser	to despise, hold in contempt
l'abri (m)	shelter
les sdf (sans domicile fixe)	homeless
les sans-abris (m)	homeless
le toit	roof
la faim	hunger
l'hygiène (f)	hygiene
ne pas prêter attention à	to ignore (lit. pay no attention to)
faire semblant de ne pas voir	to ignore (lit. pretend not to see)
l'indifférence (f)	indifference
marginaliser	to marginalise
maltraiter	to mistreat
se méfier de	to mistrust
le marginal	outcast
le trottoir	pavement
fournir	to provide
réinsérer	to rehabilitate
marginalisé	rejected
survivre	to survive
le clochard	tramp
insalubre	unhealthy
le bénévole	volunteer
sans papiers	without official papers

Welfare

la prestation	benefit, allowance
recevoir de l'aide sociale	to be on benefits
la côtisation	contribution, tax
côtiser	to contribute
avoir droit à	to be eligible for
l'allocation (f) familiale	family allowance, family credit
les fonds (m)	funds
la santé	health
les services (m) médicaux	health care
le centre hospitalier	hospital
l'allocation (f) maison	housing benefit
l'impôt (m) sur le revenu	income tax
l'assurance (f)	insurance
la précarité de l'emploi	job insecurity
l'espérance (f) de vie	life expectancy
l'assurance (f) vie	life insurance
le besoin	need
verser	to pay out
la pauvreté	poverty
la retraite	retirement, pension
toucher une retraite	to receive a pension

l'exclusion (f) sociale	social exclusion
la sécurité sociale / la "sécu"	social security
l'aide (f) sociale	social security
l'assistant / l'assistante sociale	social worker
les impôts (m)	taxes
l'etat (m) providence	welfare state
la vie active	working life

Useful adjectives and descriptions (alphebetised in English)

abstrait	abstract
allégorique	allegorical
équilibré	balanced
croyable	believable
fade	bland
habile	clever
engagé	committed
compliqué	complicated
intelligible	comprehensible
concis	concise
concret	concrete
mignon / mignonne	cute (m/f)
enchanté	delighted
descriptif / descriptive	descriptive (m/f)
détaillé	detailed
facile	easy
recherché	elaborate
vide	empty
assez	enough, quite
enrichissant	enriching, rewarding
passionnant	exciting
cher	expensive
fascinant	fascinating
gros / grosse	fat (m/f)
plein de /pleine de	full of, lots of (m/f)
amusant	funny
drôle	funny
marrant	funny
peu croyable	hard to believe
content	happy
haut	high
imaginatif	imaginative
invraisemblable	implausible
incroyable	unbelievable
animé	lively (person)
vivant	lively (style)
pas mal de	lots of, quite a few
bas	low
merveilleux / merveilleuse	marvellous (m/f)

encore de	more
émouvant	moving
étroit	narrow
bruyant	noisy
objectif	objective
rose	pink
pauvre	poor
précis	precise
pourpre	purple
calme	quiet
réaliste	realistic
vraisemblable	realistic
répétitif	repetitive
rigoureux	rigorous
rond	round
choquant	shocking
court	short
significatif	significant
lentement	slowly
sophistiqué	sophisticated
carré	square
rappant	striking
subjectif	subjective
suffisamment	sufficiently
symbolique	symbolic
minutieux / minutieuse	thorough (m/f)
trop	too (much)
tragique	tragic
incroyable	unbelievable
utile	useful
inutile	useless
varié	varied
faible	weak
large	wide
spirituel	witty

Comparatives and superlatives

mauvais	bad
pire	worse
le pire / la pire	worst (m/f)
mal	badly
plus mal	worse
le plus mal	the worst
peu	few, little
bon	good
le meilleur / la meilleure	the best (m/f)
le moins	the least
moins	less

moins que	less than
beaucoup	many, lots
plus	more
plus que	more than
le plus	the most
bien	well
mieux	better (adverb)
meilleur	better (adjective)
le mieux	best

Prepositions and expressions

au-dessus de	above, over
selon	according to
à travers	across, through
contre	against
aussi	also
parmi	amongst
à part	apart from
autour de	around
comme	as, like
au fond de la salle	at the back of the room
au fond de	at the back of, at the bottom of
au bout de	at the end of (length)
ce magasin est au bout de la rue	that shop is at the end of the road
car	because
à cause de	because of
derrière	behind
au-dessous de	beneath, below
au bord de	beside / at the edge of
entre	between
mais	but
malgré	despite, in spite of
ou bien... ou bien...	either... or
soit... soit...	either... or
même si	even if
par exemple	for example
pour	for, in order to
cependant	however
pourtant	however
par contre	however, on the other hand
si	if
de toute façon	in any case
devant	in front of
notamment	in particular
au milieu de	in the middle of
en	in, within (time)
y compris	including
au lieu de	instead of

il va de soi que…	it goes without saying that…
toujours est-il que…	it remains true that…
c'est une question épineuse	it's a thorny issue
il s'agit de	it's about
chose curieuse…	it's strange that…
près de	near
ensuite	next
à côté de	next to
nul ne saurait nier que..	no-one could deny that
non seulement … mais aussi	not only.. but also
évidemment	obviously
de	of, from
sur	on
d'un côté	on the one hand
d'un côté… de l'autre côté	on the one hand… on the other
d'une part… d'autre part	on the one hand… on the other
de l'autre côté	on the other hand
il faut également noter que…	one should also note that…
en face de	opposite
ou	or
en dehors de	outside (of)
probablement	probably
à juste titre	rightly, with good reason
depuis	since, for
puisque	since, seeing as
ainsi	so, therefore
donc, alors	so, therefore
c'est-à-dire	that is to say, i.e.
voilà pourquoi…	that's why…
puis	then
il y a le revers de la médaille	there's another side to the question
dans une certaine mesure	to some extent
à	to, at
vers	towards
sous	under
sans doute	undoubtedly, without doubt
jusqu'à	up to, until
il faut reconnaître que…	we must recognise that…
ce qui plus est	what's more
quand	when
qu'on le veuille ou non…	whether you like it or not
pendant que	while
sans	without

Questions

à quelle heure ?	at what time?
pour combien de temps ?	for how long?
d'où ?	from where?

comment est-ce que ça se dit ?	how do you say that?
ça s'écrit comment ?	how is that written?
comment est-ce que ça s'écrit ?	how is that written?
c'est combien ?	how much is it?
combien ?	how much, how many?
comment ?	how?
est-ce que ?	is it that (makes a question)
de quelle couleur ?	what colour?
c'est quel jour ?	what day is it?
que veut dire… ?	what does… mean?
qu'est-ce que c'est ?	what is it?
c'est quelle date ?	what is the date?
quelle heure est-il ?	what time is it?
que ?	what?
qu'est-ce que c'est ?	what is it?
quoi ?	what?
qu'est-ce qui ?	what?
quand ?	when?
où ?	where?
quel / quelle ?	which?
qui ?	who?
pourquoi ?	why?

Greetings

amitiés	best wishes
santé	cheers
de rien	don't mention it
pardon	excuse me
bonsoir	good evening
bonne idée	good idea
bonne chance	good luck
bonne nuit	good night
bonne année	happy new year
bon voyage	have a good trip
allô	hello (on phone)
au secours	help
salut	hi
bien sûr	of course, certainly
d'accord	ok
s'il te plaît / s'il vous plait	please
à tout à l'heure	see you later
à bientôt	see you soon
à demain	see you tomorrow
bienvenue	welcome
quel dommage	what a pity

Opinions

je considère que	I believe that
je soutiens que	I maintain that
je dirais que	I would say that
en général	in general
à mon avis	in my opinion
selon moi	in my view
à mon sens	in my view
quant à moi	as for me
en ce qui me concerne	as far as I am concerned
pour ma part	for my part
(s')intéresser à	to be interested in
je m'intéresse à l'histoire	I'm interested in history
intéressant	interesting
il paraît que (+ subj)	it would seem that
il me semble que	it seems to me that
il y a lieu de penser que	there is reason to think that...
ce qui me frappe le plus, c'est...	what strikes me particularly is that..

Negative opinions

en avoir marre	to be fed up
j'en ai marre	I'm sick of it
ça ne vaut pas la peine	it's not worth it
ça m'énerve	that gets on my nerves
ça suffit	that's enough
embêtant	annoying
affreux	awful
mauvais	bad
barbant	boring
ennuyeux	boring
détester	to hate
ridicule	ridiculous
nul	rubbish
grave	serious
moche	ugly
désagréable	unpleasant

Positive opinions

bien sûr	of course
bien entendu	of course
absolument	absolutely
étonné	astonished, amazed
la peine	the bother
certainement	certainly
génial	great
incroyable	incredible

nouveau	new
parfait	perfect
agréable	pleasant
pratique	practical
sensass	sensational
c'est marrant	that's funny
c'est formidable	that's great
c'est chouette!	that's really nice!
ça me fait rire	it makes me laugh
ça me plaît	I like it
désirer	to want
vouloir	to want
croire	to believe
espérer	to hope

Neutral opinions

franchement	frankly
généralement	generally
ça m'est égal	it's all the same to me / I don't care
moi non plus	me neither, nor do I
non plus	neither, no more, no longer
peut-être	perhaps
comme ci comme ça	so-so
ça dépend	that depends
ça ne me fait rien	I don't care / it's nothing to me
je m'en fiche	I don't give a stuff
ça ne me dit rien	that doesn't ring a bell
sembler	to seem

NOTES

NOTES

NOTES

Other publications

Other publications by Lucy Martin include:

Advancing your French

How to Ace your French Oral

French vocabulary for GCSE

Ten magic tricks with French

How to Ace your Spanish Oral

Spanish vocabulary for GCSE

How to Ace your German Oral

Common Entrance French Handbook

Printed in Great Britain
by Amazon